JN279167

天皇と中世文化

脇田晴子

吉川弘文館

目 次

挿図目次

一　天皇はなぜ権威をもつのか

1　超越した権威

戦国期には、天皇は生活にも困り、まったく無力化した。しかし、それにもかかわらず、戦国諸侯は、京都へのぼることを目指し、将軍・天皇をいただくことによって、名分を獲得しようとした。将軍は当然のこととして、天皇がなぜ、全国統一のシンボルとなれたか。戦前に、信長、秀吉の勤皇《きんのう》とか、あるいは織田信秀《おだのぶひで》や毛利元就《もうりもとなり》のそれとして説かれた状況が、なぜおこったか。なぜ全国を支配下に押えてしまい、権力を安泰にできた徳川幕府が、天皇制を解体させず、温存せざるを得なかったのか。それについては明確な答えは出ていないように思える。

天皇制については、権力的に強力であった古代あるいは幕末・近代が研究の中心となっており、権力において失墜した天皇制が、なぜ存続するのかという視点での研究は少なかった。現在の天皇制論においては、権力的に無力になった天皇・皇室を救い出したのは、織田・豊臣・徳川の統一権力であると考えられている。例えば、水林彪《みずばやしたけし》氏も、富田正弘《とみたまさひろ》氏も、天皇存続の理由は、統一権力による保

証とのみされている。また、上横手雅敬《うわよこてまさたか》氏も権力面でのみ室町幕府の一元支配を考えられている。(1)

しかしなぜ統一権力が天皇を担ぐのかについては解明されていない。そして、天皇の持つ権威が古代から永続していると考えたり、明治に創出されたと考える傾向が強かった。天皇が無力であると考えると、なぜ存続するのかわからないので、神秘性や宗教性に求める見解が強くなってくる。私見によれば、天皇は、宗教勢力を保護し、掌握したかもしれないが、天皇自身、宗教性をもつ存在ではなく、救済される対象である。

最近、近世における天皇が問題となっているが、かかる天皇の存在形態の謎を解く鍵は戦国期、ひいては中世の状況のなかに胚胎していると考える。本書は、戦国期の天皇をめぐる状況を分析することによって、権力的には無力に近くなっている天皇が、権威において浮上し、統一のシンボルになるのはなぜかを考えるものである。

結論を先にいえば、第一には戦国乱世の時代において、絶えず天皇が政治的分裂の反対の核になり、時には一揆《いっき》・惣《そう》などの活動の名分づけになったので、統一する方も黙殺できず、利用せざるを得ないという政治的条件である。しかも天皇をロボットとし、権力を握った足利幕府が、無力化した戦国期においては、天皇と同じように将軍も権威化する。同じく無力な権威的存在となれば、上位の天皇の方が優位なのは言うまでもない。

第二として、原始・古代から淵源を持つなどといわれている文化現象などに、この時代に初めて天皇に結びつけられたものが多いということを指摘したい。それはこの時代にはじめて民衆文化と貴族文化とが合体し、貴賤都鄙《きせんとひ》まで含み込む共通の文化基盤が形成されたからであると考える。しかもそれが、それまでの文化伝統によって、天皇を中心とする貴族文化の圧倒的優位のもとに、その主導によって形成されざるを得なかったことによると考えるものである。下剋上《げこくじょう》する成上《なりあが》り者が結局は官位を得て飾りとするように、民衆文化として出現してきた能楽《のうがく》・狂言《きょうげん》・連歌《れんが》などが、貴族文化に修飾されることによって、芸術的に昇華するという皮肉な局面、そしてそれがまた民衆生活の向上の結果、民衆レベルに広汎に普及するということが、貴族文化の家元たる天皇の地位を高めたと考える。官位とか、宗教とか、文化の効能というものが、貴族社会内部や、武家でも上層部だけの共有物であった時代とはちがって、戦国期には、相当底辺にまで入りこむような文化地盤が形成され、一般民衆にまで及んでいく。それについては、すでに朝尾直弘《あさおなおひろ》氏が、百姓の王孫意識について触れておられる。また、村落身分制としての官途名乗りについては、薗部寿樹《そのべとしき》氏の指摘がある。(2)なぜそのような意識が形成されていくのか、そのよってきたる原因を明らかにしなければならない。

そのようなかたちで出来てきた共通地盤の形成は、天皇を核として育成されてきた文化・宗教などが優位であり、その文化的優位の集中的表現としての権威の象徴である官位制などが、天皇・朝廷を中心に機能していたからである。そしてその大衆化がなされたからである。

その大衆化は、この時期顕著である生活水準の向上や、商品経済の発展の結果であると私は考えている。例えば、村や町を含むある程度の商品経済の展開の結果、商工業者が自分の販売圏をひろげるが、かかる経済の展開を前提として、大名も領国経済を統制することができるようになる。戦国大名権力は経済や産業のみならず、宗教、文化なども統制することが、支配者として必要になってくる。その支配・統制・編成の動きに相応して、天皇を中心とする公家や寺社権力もその編成がおこなえたということが、天皇権威が浮上することのできた主たる条件であろうと考えた。(3)

2　権威の編成と浸透

天皇制がなぜ存続したか、天皇がなぜ権威をもつのかということは、たしかに謎であって、それを追求する視点が、従来なかったわけではない。それを呪術的祭祀王権や律令《りつりょう》制的官職階層制に求める説が有力である。もし、そうであるとしても、かかる超歴史的なものが生き残る条件が説明されねばならない。周知のように中世では、網野善彦《あみのよしひこ》氏が、それを非農業民を基盤とするという視点を出された。(4)天皇制論に関心を引きおこされた点において、網野氏の提言は非常に重要であると思う。網野氏は、天皇制が存続するには、必ずそれ相応の権力基盤がなければならないと考えられて、探し求めて、そしてそれは非農業民であると結び付けられたと思う。たしかに、現象として、中世においては、そういう面はなきにしもあらずである。鎌倉時代には、それで解ける面がある。それは何かというと、進展してくる商品経済のなかで、その余剰や利潤を吸収しようとする政策において、鎌倉時代には、圧倒的に幕府より公家《くげ》政権の方が進展した政策を行っているからである。私が以前、解明したように、(5)官衙《かんが》の課税によって商工業者をその時期に吸収しはじめるのであって、原始・古代からの天皇家の結びつきによるものではなく、天皇家や公家政権が絶えず再編している状況を把えないといけないと考える。(6)したがって新しい商業政策を行って商工業者を掌握したという意味では、鎌倉期においては、天皇の権力基盤の一つは「非農業民」であると言える面はある。とりわけ、網野氏が解明されたように、後醍醐《ごだいご》天皇は、その政策を積極的におこなっている。(7)しかし、その政策は、室町幕府も戦国大名も継承発展させていくもので、決して天皇家だけのものではない。いわば商工業者を掌握・統制することは、時代の要請であった。しかも、天皇家や公家政権が掌握した中央特権商人的な供御人《くごにん》や神人《じにん》は、戦国時代の政策によって、戦国期には地方諸国では力を発揮できなくなる部分の方が大きい。(8)

室町期においては、大山崎《おおやまざき》油座《あぶらざ》神人など中央特権商人の地方諸国での活動は、室町幕府の保証のもとに存在し、むしろ幕府の力を背景に活動範囲を広げていった。(9)そしてかかる商工業者の座の本所《ほんじょ》である天皇・公家貴族・寺社勢力の権益は、幕府の認め、保証した限りで、存続したのである。したがって、室町期は幕府の保証のもとに天皇権威は存在したわけであるが、それならばなぜ室町幕府が保証をしたのかが次に問題になってくる。

はっきり言って、南北朝動乱のなかで天皇を必要とし、傀儡《かいらい》としての北朝を樹立した以上、政治的分裂の核にしないためには、天皇と一体化して、国内権力を一元化せざるを得ないという政治力学的問題である。その意味において、幕府にとって、南北朝合一の政治的意義は大きかった。南北朝合一ののち、足利義満《あしかがよしみつ》は中国の傘のうちに入って天皇を相対化しようと考えた。また、禅宗を興隆、保護・統制する宗教政策、唐風文化や能楽、茶の湯などは、一方で義満のとった宮廷文化との同一化の動きとは別に、独自の主張をともなっている。文化の持つ政治的意味を示しているといえよう。(10)

その点から見て義満の対天皇政策は非常に興味深いものがある。一般に義満の政策の延長線上に、信長・秀吉の政策は位置づけられる面がある。それにしても天皇を否定できなかったのは、なぜであろうか。永原慶二氏は権力の王冠部分といわれるが、(11)ようするに名分を保証する部分であろう。室町幕府がそれを必要としたのは、応仁の乱の時も、東軍と西軍とが二つの幕府の様相を示した時、東軍が天皇・将軍を掌握したのちも、西軍は、綸旨《りんじ》や将軍内書《ないしょ》が発布されているという情報を流している。その後、西軍は南朝の皇子を連れてきて天皇とし、将軍から天台座主《てんだいざす》にいたるまで揃えて全くのミニチュア版を作っている。(12)このように、諸国の武士を味方につけるために名分が必要であったことがわかる。

したがって最初にかえって、天皇自身の権力基盤を短絡的に探すよりも、むしろ権力においては最低になり、無力に近くなった天皇が、戦国末期には権威において浮上してくるという一見不思議な現象はなぜかという形で、問題を立てる方が良いと思われる。室町幕府が幕府支配下の官位奏請《そうせい》権を掌握するように、天皇権限を代行したり、幕府の保証・口入《くにゅう》のもとに天皇権威が存在すると言う状況から、幕府・将軍権力の失墜とともに解き放され、経済的に困窮するが、天皇自身、独自性をもつという状況がある。かかる朝幕関係はあらためて追求されねばならない。

言い変えれば、権力基盤があるから権威が浮上するという話ではなく、権力と権威は別に考えて、権力を持たぬものが権力者を権威づける場合もあることを考えたい。永原慶二氏は、「権威も権力と全く分離しては存在しえず、権力の失墜と共に権威もまた失われていった」ことを示すとして、戦国期の天皇制における宮廷儀礼の実施の不可能、民衆の私年号《しねんごう》、受領《ずりょう》名の自称をあげておられる。しかしなおかつ、天皇の権威が最終的に失われなかったのは、現実の権力者たる将軍、織田、毛利などが、その公権性の獲得という要求から、天皇「家職《かしょく》」として維持、再生産したとされる。(13)とすると、天皇権威を支えたものは、天皇のもつ権力ではなくて、他の権力者のもつ権力である。したがってこの局面では権力と権威は分離していたと言えよう。

それではなぜ、天皇・天皇制を、信長・秀吉・家康は否定することができなかったのであろうか。問題はいつもそこにかえる。永原慶二氏は、佐藤進一氏の説を援用されて、鎌倉時代に成立する官司請負制「家職」とよばれる官僚貴族の世襲制に求められる。すなわち、天皇は、最高峰の「家職」を持ち、その権能は、宮廷儀礼の主宰執行、官位授与、元号制定権であるとされ、それが天皇の超越的権威を成立させたといわれる。そして、「家職」制的社会・政治編成が、歴史社会に果してきた意味を問わねばならぬと言われる。氏の提言の後者が重要である。天皇の権能として挙げられる三点が天皇を存在せしめたのではなくて、天皇が最高権威者として存在するから、この権能が天皇に所属しているのである。これらの権能は、中国の皇帝も持っており、世襲化している。したがって問題は、なぜその権能を天皇から奪えなかったか、すなわち、永原氏の表現にしたがえば、「家職」的社会・政治編成が中世社会にもっていた意味を問うことに他ならない。私見によれば、「家職」制というのは、広い意味での分業を制度的に編成したものであり、それが世襲化し、固定化されたものである。それが朝廷の官職の世襲化であれば、まさに天皇はその頂点に位置する。足利幕府が武力のみならず、宗教や文化にわたってのすべての分業編成を自己のもとに集約できなかったことが、その頂点に位置する天皇を否定し得ないことにつながるであろう。

南北朝を合一し、名実ともに天下を統一した足利義満は、日明の国交を開始して、明皇帝から日本国王に任じられるなど、天皇権力の相対化につとめている。文化政策においても、日明貿易による唐《から》物《もの》の輸入による唐物文化の導入や、禅宗を中心とする宗教編成をめざし、猿楽能などの民衆文化の自己の権力内部への取り込みは、公卿主導の宗教・文化体制を相対化して、幕府中心への編成を意図したものと受け取れる。しかし、中途にしてたおれた。それについては旧稿『室町時代』にゆずりたい。しかも戦国期には、幕府将軍権力の衰退に応じて、求心化が天皇を核として、より底辺に近く広い基盤をもって進行するから、統一権力もそれを利用して統一を進めざるを得ない。この時期の天皇権威とは、そのような分業編成や政治的力関係のなかで、実質的な位置を持ったことに基づいているのである。宮廷儀礼などは、その地位を表現する荘厳化であって、決してその逆の意味を持たない。

3　天皇を核とする文化編成

それでは宗教や文化を主とする分業編成において、天皇が頂点となる体制が生き続けるのはなぜか。高木昭作氏は、天皇制は俗的君主権力としては没落したが、呪術的祭祀王権としては生き続けたと考えられ[14]、氏は「国土安全・万民快楽」が宗教・呪術を離れて存在せず、これらの宗教・呪術は、土俗的なものに根ざしながらも地元の寺社や全国を廻遊する宗教者や芸能者を通じて中央に結びつき、最終的には天皇と天皇につらなる公家によって体系化されたとする。戦国大名も秀吉もその機能と結びつくことにより、統治権を確実にしようとしたとされる。この点においては中世末・近世の一面を突いており賛意を表したいが、その「国土安全・万民快楽」を保証するものを天皇の宗教的能力であるとされるのは賛成できない。当時の天皇は神官・僧侶・陰陽師《おんみようじ》に「玉体安穏《ぎよくたいあんのん》」を祈願してもらう存在であって、祭祀能力をもっていたとは考え難い。

水林彪氏は、それを批判して、古代天皇制は呪術的祭祀王権であるが、近世天皇権威は統一権力が保証しており、朝廷儀礼も俗的性格をもっているとされた[15]。そして天皇制復活の主体は、武家領主が律令的な官職階層制的位階をもらいたがったからであって、それが身分序列になっているからであると考えられた。

この見解ははじめに述べたように、律令官職階層制が時代を超えて生きていることになる。形式論理的に言えばそこに帰結するとしても、そこに中世社会での存立条件が考えられなくてはならないと思うが、それについては後述したい。ここではまず、呪術的祭祀王権としての司祭者的な性格といわれるところを問題にしたい。水林氏も近世では、俗権といわれるが、古代天皇制を呪術的祭祀王権とし最高権力イコール最高司祭と考えておられる。今までの天皇制論は網野氏を含めて司祭者的性格を重視されているところに特色がある。[16] しかし果して、天皇は中世を通じて司祭者的性格を持ったであろうか。社会学の上野千鶴子氏は、聖と賤が職能を分化した時には、浄の側も呪的能力を失っていることを指摘されている。[17] すなわち中世の天皇は祓え清められる存在であって、自ら清める機能を失っているといえよう。

たしかに内侍所《ないしどころ》で神楽《かぐら》をあげたり、疫病《えきびょう》の流行にあたって天皇が般若心経《はんにゃしんぎょう》を書写して、戦国大名治下の各国の名神に奉納したりということを行っているが、これは大名に対する政治的宣伝の効果をねらったものである。内侍所はともかく般若心経程度のことは将軍もやっている。[18] 天皇・将軍ともに権威の源泉がなにに基づくか、改めて検討すべきことである。私は天皇権威の源泉は、公権力としての俗権というか、あえて古典的な表現で言えば、王権が教権に優越していることに求められるべきではないかと考えている。

上山春平《うえやましゅんぺい》氏は、他説とは逆に、国家権力と法体系としては、律令体制は明治維新まで生き続けていたとされ、班田制の崩壊―名体制の成立という土地所有論を中心とする権力論とは違ったアプローチをされている(19)。たしかに、天皇が征夷大将軍《せいいたいしょうぐん》を任命するという事においては、武家政権下でも形式的にはそのとおりである。また、御成敗式目《ごせいばいしきもく》以来の武家法が、律令法と併存しうることも、いわれるとおりであるが、次の問題は、形骸化しつつ廃止されないで、有名無実のまま存続するのはなぜか、という現実的な理由や意味を追求することだと考える。律令制が規定した国家の構造の枠組みが、次の時代のあり方をも規定して、権威における中央集権的構造を作っていくのではなかろうか。

4　天皇の宗教統制

例えば、「延喜式《えんぎしき》」体制において、天皇は延喜式内社《しきないしゃ》として諸国の名神を編成し、官位を授け、神田を付与した。そして神官の補任権を握った。それから僧綱《そうごう》制などをしいて、僧官の任免権を朝廷・天皇が掌握した。ということは、司祭者としてではなく、俗権としての王権が司祭者をその支配下においたことを意味し、非常に大きな意義を持つと考える。永原慶二氏は、天皇と宗教界とのかかわり方も、日本前近代における王権のあり方を示すものとして捉えられ、天皇が宗教界に対しても、統合者としての地位を明確にしたとし、僧綱制をあげておられる。そして、天皇は世俗王権でありながら同時に聖界君主・教皇的側面をあわせもち、世俗の王権と教皇とが分離対抗していたヨーロッパ中世との違いを指摘されている。僧綱制による統合の指摘には賛成するものであるが、それによって聖界君主的側面をもったとされる点についてはどうであろうか。別に日本の天皇でなくとも、前近代では、すべての権力者が宗教的色彩を持つものであり、その点で近代とは違う。特に天皇だけを特殊視するには当たらないと思う。

三好洋子氏によれば、カール大帝はコンスタンティヌス帝時代のキリスト教的ローマ帝国の再興を考えて、「神の恩寵による国王」として帝位につくが、それは人間の堕落とキリスト来臨による「救い」プラス王の権威を示すものであるという。そして八四六年作のウィウィアン聖書（シャルル禿頭王の第一聖書）ではシャルル王とダビデ王とは同じ顔に描かれており、カロリング朝の王たちは、自らをダビデ王（イスラエルの統治者、キリスト来臨の予言者、キリストの先祖としての）の後継者と考えていたという。(20)

ヨーロッパの諸王朝にせよ、中国・朝鮮の諸王朝にせよ、宗教を統制し、支配下におこうとする意図をもっていた。それには神の子孫とすることは効果的である。日本の天皇は、それをより強力にできる条件をもっていたと言えよう。

むしろ、天皇が、宗教を自己の政治権力のもとに支配し編成することの方が、天皇の祭祀者的性格より天皇制にとって、以後大きな意味をもつのではなかろうか。黒田俊雄氏は後醍醐天皇が天子として顕密仏教を体制的に掌握すること、換言すれば王権による教権の統合を意図していたとされる。(21)言われるとおりであるが、王権による教権の統合は段階を画して、古代から試みられ、後醍醐の中世後期の段階にいたって強力にうちだせる条件が調ってきたともいえる。古代に、神祇《じんぎ》を天皇祖先神のもとに集約する神話の編成を行い、新しい輸入宗教たる仏教を、天皇が率先して信仰して、僧綱制をしいて任免権をにぎり、支配の道具にしたことは今更いうまでもない。もちろん、両者の対抗関係も存在して、延喜帝堕地獄説話の形成など検討すべき課題も多い。

さらに、延喜式体制において各地の名神を組織し、それをさらに院政期に、在地領主層の信仰した神を諸国一宮《いちのみや》制の形で国司が編成しているが、(22)これらの編成された神が、各諸国の神々のうちごくわずかにすぎないとしても、このように公権力が教権に優越したことの影響力は大きい。

それはまず第一に、分権権力の形成が弱いという優れて政治的な問題として現れてくるからである。中世になって相当に強力な分権権力が出てきたとしても、なおかつ、中央集権的な公権力が強いという伝統を生むことになってくる。

例えば最も強かった比叡山、山門《さんもん》領の例でいえば、山門領は不入権《ふにゅうけん》をもっており、それにもとづく領主裁判権をもっていた。したがって山門の僧侶が罪を犯して山門領ににげこんだ場合、検非違使《けびいし》が追跡しても、山門領には入ることはできない。その意味では不入権が健在といえる。しかし、天台座主の任命権は天皇が持っているから、天台座主の交替を行えば、次の天台座主が犯人を放り出すということになる。最終的には荘園領主権力よりは公権力が強く、荘園領主の不入権や検断権は限定付きにならざるを得ない(23)。したがって、強力な中央集権的な公権力の下で、武士の権力も育ってくるから、分権的な権力形成よりも、統一権力に結びつく面が強くなるということになる。それ故に鎌倉幕府も、黒田俊雄氏が権門体制としてとらえられたように、結局は天皇が核となって、統一権力の条件を調えるということに結果せざるを得ないことになる。戦国時代というのは、守護―戦国大名は、大名被官や大名直轄領など、大名支配領域を絶えず拡張して、国内を統一するのである。しかし、分国内には形骸化したにしても、公家所領や寺社領があり、それらを自分の支配領域にいれて国内を統一していくためには、統一的な核に結びつかざるを得ない。それは幕府が強いときには幕府だけに結びつくだけで良いが、幕府も力がなくなって、将軍も権威だけになってきた末期段階には、天皇がそれに代わって行くという現象が生まれざるを得ないことになる。それは、天皇の祭祀者的性格というよりは天皇の宗教統制権などの俗権的公権に由来すると考える。

王権としての天皇権力が教権に優越したことの第二の影響として、神仏を問わず教学理論の多くが、天皇を中心とする鎮護国家的なものになり易く、独自性をもち難い。異端宗教が成長する条件が悪いことにある。虎関師錬《こかんしれん》の『元亨釈書《げんこうしゃくしょ》』などの仏教史書が大蔵経《だいぞうきょう》に加えられることを願って朝廷に献じられた経緯を考えれば明らかであろう(24)。

その土壌の上に、蒙古襲来から力を持ってくる神国《しんこく》思想によって、神道理論が整備され、伊勢神道や『神皇正統記《じんのうしょうとうき》』、吉田神道などによって、天皇中心の理論化がなされることである。黒田俊雄氏は、神道の世俗性、神国思想の政治性は、その非宗教性を示すものではなく仏教的体系に裏付けられていたことを指摘され、吉田神道が仏教や儒教と同質でしかも上位の宗教であると説くのは「社家神道」の一つが無軌道的に機会主義的に「発展」したものと位置付けられている。(25)

とはいえ、これらの神道理論が天地開闢《かいびゃく》の主の子孫としての天皇の絶対性を説いたことの影響が大きい。すなわち、天皇が呪術的祭祀王権として存続したのではなくて、神道理論がそのように位置づけたのである。その点では、安良城盛昭《あらきもりあき》氏が、「古代天皇制権力成立以後のさまざまなレベルにおけるイデオロギー的編成替の所産」といわれることに賛成である。(26)

第三としては、宗教観念と意識が分離していない前近代社会においては、文化もかかる宗教的土壌と無縁ではありえない。例えば、当代切っての学者とされた一条兼良《いちじょうかねら》は、『源氏物語』などの古典文学、和歌・連歌についての著述とともに、『日本書紀纂疏《さんそ》』を著していることに明らかなように、彼の文学活動と神道思想は密接な関係をもっていた。そしてこの著述は、吉田兼倶《かねとも》やその子清原宣賢《のぶかた》に大きな影響を与えている。(27)水林氏は法のなかに儀礼も含められ、天皇制イデオロギーのなかに呪術的・宗教的観念も入るといわれているが、もう一つ、文化のもつ政治性というか、政治的意義ということを考えると、廷臣のなかに文化の最高の担い手を有し、それが天皇中心の思想を散布することの影響は大きい。

以上の状況に加えて、はじめに述べたように、戦国期というのは、社会発展の結果として、貴族の専有物であった官位、宗教、文化などが、一般民衆にまで、広がって来るという文化基盤を前提として、体制的編成がなされるという現象がはじまる。それとともに、その貴族文化の核であった天皇権威も知られてくるというこの時代固有の問題がある。例えばこの時代になって初めて共同体レベルの神々に至るまで、天皇が編成することが可能になってくる条件ができる。誤解を呼ぶかもしれないが、天皇制イデオロギーの大衆化現象のようなものが、この時期はじめて条件ができて姿を見せるのだということを言いたい。したがって、この時期の天皇権というものは、決して原始や古代の天皇権と同一ではなく、時代の発展を前提として出てきたものといえよう。

例えば、天皇の僧官・神官任命権の支配下にある寺社が、この時代に本末関係を整備して行くことが、天皇へ結集していく大きな原因になることを言いたい。本末関係の整備というのは、商工業における一国単位の独占権の形成と軌を一にしたものである。高埜利彦《たかのとしひこ》氏が近世において、家職として、公家が暦師を統括していく過程、職人・鋳物師《いもじ》の統括などについて、近世権力としての幕府や将軍が地位を公認したことを、綿密に論証されている。(28)そして幕末における幕府権力の衰えが朝廷中心に結果したと考えておられるようである。それは規模や深まりにおいて異なるとはいえ、健在だった時の室町幕府とよく似た局面がある。戦国期になって、幕府の権威が衰えたとき、その局面が変わり、天皇の主導権が強くなる。徳川幕府の成立によって、また幕府の主導・公認のもとに入る。幕府の保証によって形式的には、御所が整備されたように、大きくなる面もあった。さらにもう一つの点は、そのような江戸時代の家職の整備は中世後期から淵源を持っていて、天皇中心に進んでいった現象を、徳川幕府が集約して保証するという形になったものであろう。したがって戦国期に、天皇権威を中心に進展していく事情を明らかにしなければならない。

私はまず第一に、戦国期において、僧官・神官はもちろん受領《ずりょう》などの朝廷官位も含めて官位任命権を利用して事態がどのように進行していくか、ということを問題にしたい。大名領国支配に対する反体制的な核にもなり得るものであるが故に、大名が統制の道具として利用しなければならないものとなった。それはすぐれて当時の在地の状況に根ざした政治力学的問題であった。

それから第二に、宗教の編成について考えたい。とりわけ神道の編成には、伊勢神道や吉田神道による天皇中心への理論化が、非常に大きな役割を果たしていることを述べたが、その理論的展開は思想史の方に願って、ここではそれが具体的にはどのような形で一般に浸透していったかという点を中心に、縁起の改変や、共同体神の神格の昇格、皇室祖先神への転化の効果について述べたい。

第三には、寺社の本末関係の整備もこの時代に進行するが、ここでは一般民衆を巻き込んで盛行する社寺参詣の「霞場《かすみば》」が、大名の了解事項として形成されることと、それに関係して、暦が普及することを考察したい。

第四として、文化が公家文化を中心としていること、この時期には室町幕府も同一化しているが、公家文化の優越性とか政治性とか地方普及ということについて考えたい。一条兼良や三条西実隆《さんじょうにしさねたか》が主導する文化が地方に普及して、広い地盤を形成し、かれらがその頂点に立ったことが、ひいては天皇権威の形成に役立つことになった点を見てゆきたい。具体的には、三条西実隆と、後奈良天皇を例として、連歌、能楽、勧進帳、縁起の執筆が、公家貴族のイデオロギーによって、縁起の改変や創作などがなされることを述べたい。

以上述べてきたように官位・宗教・文化は天皇に集約されてゆく傾向をもつが、これらはすべて戦国武将が崇拝して欲しがったものでもある。例えばいかに戦国武将が宗教的な世界に住んでいたかというと、例えば、『後法興院記《ごほうこういんき》』明応二年十一月十七日条によれば、丹波守護代《たんばしゅごだい》であった上原元秀《うえはらもとひで》という武士は、住吉社《すみよししゃ》の神主《かんぬし》の津守《つもり》を、自分の敵と親戚だというので追っ払い、神領・寺領をたくさん侵略・横領するが、病気になるとそれを全部返して死ぬというぐらいである。

また、商品経済が進んだ結果、芸能の世界でも神事芸能だけではなくて、勧進芸能といわれる商業演劇にすすんで行く。さまざまな芸能は、いずれにしても村や町の共同体の祭祀の場で演じられることが多い。ところが能楽は庶民芸能から成長したといいながら、観阿弥《かんなみ》・世阿弥《ぜあみ》が大成させる過程において、王朝貴族文化を吸収することによって、芸術として昇華させている。そのことによって、芸能としての高度さをもったことは無視できないが、貴族文化主導、天皇中心の性格をもったことも疑えない。何よりも不思議なのは、能楽が幕府の庇護のもとに武家の式楽などといわれ、朝廷貴族文化に対抗する武家の文化としての色彩をもったにもかかわらず、武士の治世を謳歌したものが少なく、後述するように、神仏の守護する天皇の治世を謳歌するという型にはまったものであり、その天皇の治世を武士が守るという形になっている。(29)これは能楽師の背後には権力的には無力になり、文化にしか存在価値を示せなくなった貴族が居り、彼らに作成されたり、指導され、その貴族文化の枠内に組み込まれたことを示している。したがって能楽・狂言は御伽草子《おとぎぞうし》とともに決して民衆の欲求を生の直接的な形で示しているものと考えることは許されない。

しかも、この時期の能楽・能狂言というものは、文化の中継ぎの役を果たすものであった。貴族の文化を民衆に伝え、民衆の文化を貴族に伝えて、都の文化を地方諸国に伝えて、地方諸国の文化を都へ持って来るという、中継ぎの文化、芸能だと思う。だから老若男女、貴賤都鄙《きせんとひ》が融合した文化という共通の地盤が初めて築かれて、現在の伝統芸能のもとになっている。したがってそういう共通の文化の基盤ができたことによって、はじめてそれを編成したり、統制したりすることが可能になる条件ができたのである。戦国大名は、かかる統制を行っているが、全国的な範囲に広がっているものは、中央の核に結びつかなければ統制できない。そういう共通の地盤を前提にして、それを天皇のもとに集約することが可能になったのである。いわば、その核の沿革を律令官職制に求めるとしても、実態は相当に変化しており、その変化の状況を見ることが肝要なのである。

注

(1)　水林彪「幕藩体制における公儀と朝廷　統一権力形成期の天皇制復活の論理」『日本の社会史第3巻　権威と支配』岩波書店、一九八七年、最近の中世後期の天皇制研究である富田正弘「室町殿と天皇」『日本史研究』三一九号、一九八八年にも天皇存続の理由は統一権力による保証とのみされている。上横手雅敬「鎌倉・室町幕府と朝廷」前掲『日本の社会史第3巻』も権力面でのみ室町幕府の一元的支配を見ている。

(2)　朝尾直弘「幕藩制国家と天皇」『大系日本国家史3近世』東京大学出版会、一九七五年は中世末期の民衆の王孫意識についてふれている。そのよってきたる原因を明らかにしなければならない。なお村落身分制としての官途名乗りについては薗部寿樹「中世村落における宮座頭役と身分官途、有徳、そして徳政」『日本史研究』三二五号、一九八九年。

(3)　脇田晴子『戦国大名』小学館、一九八八年。

(4)　網野善彦『日本中世の非農業民と天皇』岩波書店、一九八四年。

(5)　脇田晴子『日本中世商業発達史の研究』「第三章第一節官衙の課税」御茶の水書房、一九六九年。

(6)　脇田「網野善彦著『日本中世の非農業民と天皇』書評」『歴史学研究』五六六号、一九八七年。

(7)　網野善彦「元亨の神人公事停止令について—後醍醐親政初期の政策をめぐって—」『年報中世史研究』二号、一九七七年、同「造酒司酒麹役の成立について—室町幕府酒屋役の前提」『続荘園制と武家社会』吉川弘文館、一九七八年、のち『悪党と海賊—日本中世の社会と政治』法政大学出版局、一九九五年。

(8)　注(5)脇田前掲書「第四章第一節　室町幕府の商業政策」「第五章第四節　都市隔地間商人の没落と領国御用商人」。

(9)　同右前掲書「第四章第四節　都市座の地方産原料購入独占」。

(10)　脇田『室町時代』中央公論社、一九八五年において若干考えた。

(11)永原慶二『日本中世の社会と国家』日本放送出版協会、一九八二年。
(12)百瀬今朝雄「応仁・文明の乱」『岩波講座日本歴史中世3』岩波書店、一九七六年。
(13)永原慶二「歴史的存在としての天皇および天皇制」『科学と思想』七二、一九八九年。
(14)高木昭作「『秀吉の平和』と武士の変質―中世的自律性の解体過程」『思想』一九八四年七月号。
(15)水林彪注(1)前掲論文。
(16)網野前掲書。
(17)網野善彦・上野千鶴子・宮田登『日本王権論』春秋社、一九八八年の上野氏発言。
(18)富田正弘「室町殿と天皇」『日本史研究』三一九号、一九八八年。
(19)上山春平『天皇制の深層』朝日新聞社、一九八五年。
(20)三好洋子「農民の世界　彩飾写本にみる農民生活」二宮宏之編『深層のヨーロッパ』山川出版社、一九九〇年。
(21)黒田俊雄「総論　王法仏法相依論の軌跡」(黒田編『国家と天皇―天皇制イデオロギーとしての仏教』春秋社、一九八七年)。なお、黒田俊雄『王法と仏法』法蔵館、一九八三年、『現実のなかの歴史学』東京大学出版会、一九七七年。
(22)河音能平「若狭国鎮守一二宮縁起の成立」『中世封建制成立史論』東京大学出版会、一九七一年、「王土思想と神仏習合」『中世封建社会の首都と農村』東京大学出版会、一九七七年。
(23)脇田『日本中世都市論』「第六章　日本中世都市と領主権力」東京大学出版会、一九八一年。
(24)今枝愛真「元亨釈書」『国史大辞典5』吉川弘文館、一九八五年。
(25)黒田俊雄「日本宗教史上の『神道』」前掲『王法と仏法』。
(26)安良城盛昭『天皇・天皇制・百姓・沖縄』「六　天皇の長期的・持続的存在について」吉川弘文館、一九八九年。

(27) 今中寛司『日本文化史研究』「清原宣賢と清家神道」三和書房、一九六七年。
(28) 高埜利彦「幕藩体制における家職と権威」前掲『日本の社会史第3巻』。
(29) 脇田晴子「神能の位置―猿楽能の寿祝性と在地共同体―」『芸能史研究』一四四号、のち脇田晴子・アンヌブッシィ編『アイデンティティ・周縁・媒介』吉川弘文館、二〇〇〇年に収録。

二　官位秩序の浸透

1　鎌倉・足利両幕府の官途推挙統制

ここでは戦国期にも、天皇に残された主たる政治的権限といえる官位・僧綱位・神位・神官位・勅《ちょく》願寺《がんじ》・上人《しょうにん》・国師《こくし》・禅師《ぜんじ》・香衣《こうえ》などの勅許が、中世の社会状況のなかで、具体的にどのような意味をもったかについて考えたい。この形式的な資格が、戦国期の社会状況のなかで具体的にどのようなメリットをもったかを考えないことには、官位などを欲しがった人々の要求や意識を理解できないと思えるからである。まず、官位任命の意味について考察しよう。

大名、国人《こくじん》たちが、官位を望んで名乗りとしたことは、中世を通じて存在する。朝廷が名目的にもせよ、官位を与えるということは、幕府支配にとって、権力の二分化につながる。したがって、その統制、官位申請権の独占は鎌倉幕府からの課題であった。源頼朝《よりとも》が義経《よしつね》はじめ鎌倉武士の勝手な任官を怒った事件は有名である。しばらくその経過を見よう。

『吾妻鏡《あづまかがみ》』によれば、木曽義仲《きそよしなか》追討の功によって、元暦《げんりゃく》元年（一一八四）源頼朝は、正四位下《しょうしいのげ》に叙せられている（四月十日条）。その後の六月二十日・二十一日条によれば、去る五日の京都の小除目《しょうじもく》の知らせが到来して、源範頼《のりより》が参河守《みかわのかみ》に任じられるなどが示されていた。一谷《いちのたに》合戦に大功のあった源義経は、かねてから官途《かんと》推挙を望んでいたのにもかかわらず、頼朝は推挙しなかったこと、それゆえにことさら、範頼が感激したことが書かれている。さらに同年八月十七日条には、義経が頼朝の許可無く、左衛門少尉《さえもんのしょうじょう》に任官したこと、自分で所望したのであろうと頼朝は怒り、頼朝の御意に背くことは今度だけではないと記している。かくて頼朝は義経を平家追討使に任命するのを猶予する。しかし、結局は、義経によって平家は滅亡した。

　平家追討後の文治元年（一一八五）四月十五日条では、頼朝の内挙を蒙らないで大勢の御家人が衛《え》府《ふ》の所司などに任官したことの知らせが来て、頼朝は激怒した。本国下向を停止して在京の勤めをせよと命令した下文を下している。それに付属して、頼朝の怒りを書きつづった文章が書き記されている。赤裸々で傑作である。例えば、秀逸のものをあげると、

兵衛尉《ひょうえのじょう》忠信《ただのぶ》　秀衡之郎等、衛府を拝任令しむる事。往昔自り未だ有らず。涯分計りに。坐れヨカシ。其気ニテヤラン。是ハ抽ニヲツル。

兵衛尉基清《もときよ》　目ハ鼠眼ニテ只候す可きの処、任官希有なり。

馬允《うまのじょう》有経《ありつね》　少々奴、木曽殿御勘当有るの処。少々免ぜしめ給タラハ。只候可きニ、五位ノ馬允に補す。未曾有の事なり。

馬允時経　大虚言計ヲ能トシテ。エシラヌ官好シテ。揖斐庄と云、知らずアハレ水駅ノ人哉。悪馬細工シテ有カシ。

（原カナ混り漢文）

などと悪罵に満ちている。しかも任官の者の数もあげられたものだけで二一名と多く、文武の何の官

職かわからないものもあって、それらについても京都から出てはいけないと記している。

義経の藤原秀衡からつけられた家臣の佐藤忠信が挙げられているのからみて、これらの任官の推挙が義経によって成されたのではないかと推測される。頼朝の推挙を経ない任官は、停止する方針を最初から持っており、論功行賞として、官途推挙を使っていたのである。義経はそれに背いたわけであり、京都朝廷もそれを巧みに使って政治操作をしようとしていたのである。しかし、一度任官してしまうと、それを取り消すことができず、『吾妻鏡』にしても、義経は「廷尉《ていじょう》」と記すなど、その官職で人名を使っているのが苦しい所であった。

以後の「鎌倉幕府法」にもその方針が貫かれて、仁治三年（一二四二）官爵の競望を停止し、建長年中には、郎等の任官をも停止している。しかし、鎌倉幕府は全国を掌握していないから、その統制力は非御家人に及ばない。ここに朝廷権力が官位を餌に反幕府勢力を組織するという危険性は絶えず存在した。承久の乱もそうであるが、後醍醐天皇はそれを現実化したのである。

足利幕府は南北朝動乱を勝ち抜くために、北朝を立てた以上、それを認めざるを得ない。足利義満の対中国政策は、天皇権威の相対化をねらった意味のあることはすでに述べた。加藤秀幸《かとうひでゆき》・二木謙一《ふたきけんいち》両氏の研究にあるとおり、義持《よしもち》・義教《よしのり》時代は、幕府支配下の守護大名・国人などには、官位申請権を掌握して、権力の一元化につとめている[1]。また一方、百瀬今朝雄《ももせけさお》氏の研究のように、朝廷内部の権力を掌握して、公家貴族に恐怖政治を行うという姿勢で臨んでいる[2]。

もちろん、室町期は当然のこととして、応仁乱後においても、領国統治には守護職の地位の果たした役割は重要であることは言うまでもない。それは嘉吉《かきつ》の乱に、赤松満祐《みつすけ》が守護職を解任されかけて将軍を殺した経緯を見れば明らかである。さらに、応仁の乱において、朝倉孝景《たかかげ》が細川勝元《かつもと》の守護職を餌にした誘いに乗って、西軍から東軍に寝返り、領国を統一したことを見れば、守護職が領国統一に果たした役割は大きい。このように、この段階では、幕府・将軍の統制力は未だ大きく、官位はそれに付随する役割しか果たしていない。また、この場合、官位も与えられるが、それは将軍の申請によるから、将軍の権力を補強する役割を担っている。将軍は守護のみならず、守護領国内に領地をもつ御家人、奉公衆などの国人領主に対しても、官位を申請して与えた。たとえば、安芸の小早川氏などは、守護を経ず、御家人として幕府に直接的に官途を申請して得ている。国人領主に対する官位申請権が、守護大名の領国支配を牽制し、直属軍による将軍権力の補強策の有力な一環を形成したと見ることができる。

もちろん幕府独自の格式の整備もおこなっており、二木謙一氏が研究されたとおり、相伴衆《しょうばんしゅう》、御供衆や、塗輿《ぬりごし》、白傘袋、毛氈《もうせん》、鞍覆《くらおおい》の免許など、儀礼における序列づけや懐柔策を行っている。それは戦国末期になるほど多くなり、より下層の編成を目指していくことは、朝廷の官位と同じ傾向を持つ。権力を失い形骸化した幕府・将軍が同じような性格をもつことは注目されてよいが、その場合には、より上位のものほど、権威をもつのは言うまでもない。幕府の格式と、朝廷の官位申請の役割を示す例を挙げよう。

永禄四年（一五六一）十月九日、北条氏康《うじやす》は、武蔵における上杉謙信《けんしん》方の最前線、太田資正《すけまさ》を味方につけようとして、将軍の相伴衆に推挙すると誘っている。しかし、太田資正は、後北条方に寝返らなかったから、この話は流れたものと思われる。この相伴衆推挙の話は、上杉家関係の『歴代古案』所収文書に見られるので、資正はその誘いのことを上杉家に注進したものと思われる。ところが、「潮田文書」によれば、永禄六年（一五六三）七月二日付で、太田資正は民部大輔《みんぶのたいふ》、子氏資は大膳大夫《だいぜんのだいぶ》になっている。したがって、この官途は上杉氏の推挙による可能性が高い。上杉氏は後北条方の誘いに乗らなかった太田氏に官途推挙でもって報いたことになる。

2　官途は諸刃の剣

足利幕府にとって、朝廷の与える官位は諸刃の剣のごときものであった。一元化して、将軍が官位申請権を掌握すれば、将軍権力を補強する役割を担うものであった。しかし、その官位申請権の一元化が貫徹せず崩れた時、それは権力の二分化にただちにつながる危険性を持っていた。しかし、一元化できなかったことは明らかで、寺社領、公家本所領の荘園に関係する土豪たちや荘民たちが別途に官位を取得する機会は残った。

例えば、伏見宮所領の伏見庄政所《まんどころ》を勤める地侍《じざむらい》、小川禅啓は山名氏の被官でもあったが、伏見宮家に官途の申請を頼んだところ、法体の任官はおかしいと断られた。ところが、今度は、山名氏に頼んで、備中守に任じられたという。貞成親王は『看聞日記《かんもんにっき》』に「但し山名申沙汰不審なり、押して受領せしめるか」（応永二十四年五月四日条）と強い不満の意を表している。

これは公家に頼んで駄目な場合、すぐに武家に頼んで目的を完遂するという逆の例ではあるが、権力の二分化は明らかである。京都の膝下荘園では、絶えずこの反対の場合もあり得たと思われる。

第二の例として、大和の国人《こくじん》、古市《ふるいち》氏を挙げよう。文明元年（一四六九）大乗院門跡尋尊《だいじょういんもんぜきじんそん》は、古市兵庫助《ひょうごのすけ》家則の粉骨を褒《ほ》めて、筑前守の官途を申請してやり、六月七日に、宣下《せんげ》が到来している。それは、尋尊から関白一条兼良に頼み、関白から天皇に申請したものである（『大乗院寺社雑事記』）。

それよりも極端な例は、朝廷には申請せず、勝手に補任してしまう例である。『看聞日記』によれば、永享三年（一四三一）伏見宮貞成《さだふさ》親王は伏見庄庄官の小川禅啓に猶子五郎兵衛有長の左衛門尉の官途を申請してくれと望まれて、

宣下容易ならざるの間、かくのごとき雑任の職の事は、私に相計らいてこれを任ず、仍て口宣案（蔵人）左少弁明豊の由、長資朝臣にこれを書かしむ、隠密之儀をもってこれを賜う、畏《かしこ》み申し賀酒を献ず、且は比興、其の恐あるの事也、（十二月十一日条）

と記している。後花園天皇の父親であった貞成親王は、天皇即位の三年後であり、天皇に申請するの

は遠慮があったのであろう。しかし、実直な人柄であった親王が、このようにしていることは、当時しばしば行われたことが背景になっているのであろう。

　戦国期になると、公家貴族出身の大名においては、官途申請は国人領主を家臣に編成するための大きな武器となった。例えば、応仁の乱をさけて土佐の荘園所領に下向して、領国経営をおこなった前関白一条教房は、ただちに国人領主六人を官途に推挙している（『大乗院寺社雑事記』文明元年五月十五日、八月十一日条）。すなわち、応仁二年（一四六八）十二月には、左近将監《さこんのしょうげん》惟宗能基《これむねよしもと》が山城守に、豊後介藤原能永《よしなが》が雅楽助《うたのすけ》に、左衛門尉藤原宗孝が土佐守に任じられている。翌文明元年には、右近将監惟宗長忠が伊予守に、下野介藤原家則が市正《いちのかみ》に、右衛門尉藤原武平が隼人正《はやとのかみ》に推挙されている。彼ら六人はすでに官職名をもっていることからして、教房の土佐下向以前に、官途についていた。これが一条家の推挙によるか、守護被官として守護の推挙によるのか明らかにすることはできないが、国人領主の官途には、荘園領主の推挙によるものが多いことを予想させる。ここに一条家をはじめとして、飛驒の三木家や伊予の西園寺家のように、公家貴族出身者が、ある程度の領国経営を行うことの出来る条件があった。

　以上の例は公家貴族の関係する場合であるが、より問題となるのは将軍・幕府の官位申請権である。二木謙一氏は、室町初期から十三代将軍義輝の横死まで、大名および幕府直臣に対する将軍の官位申請権はゆるがず、しかも末期の天文・永禄には全国におよぶとされている[3]。官途は戦国諸侯編成の大

第1表　『後奈良天皇宸記』（天文四年分）による官位など勅許の状況（公家貴族を省く）

月・日	執奏者・申次ぎ	官位申請者・官位・結果	備考
二・一三	武家—大館晴光—頭弁(広橋兼秀)	下鴨神主職—不許	
二・一七	武家—大館晴光—頭弁	紙公事代官清原侍従—不許	四月二・三日関連記事あり、結局武家の顔立てて許可
四・七	武家—兼秀朝臣(頭弁)	恵林院(足利義植)贈太政大臣勅許	四月八日恵林院贈太政大臣(陣儀)「過分事也」四月九日武家より礼
四・七	右少弁中御門宣治	丹府社神主治部少輔藤原弘栄従五位下勅許	「一官一級」
四・一一	大慈院	伊勢国無量寺—勅願寺勅許	
五・一六	権右中弁	源政光(久我諸大夫)従五位下勅許	
五・二〇	橘以緒	江州カマウ(蒲生)一官勅許	「先皇御時今ノ親申」
六・三	右少弁宣治(中御門)	大江俊定(二条諸大夫)正五位下—従四位下勅許	
六・三	武家—使者頭弁	日野右中弁晴光四品勅許	「曲事之至也」
六・七	青蓮院	勅願寺—上野国談国寺勅許	真龍院と改む、「御礼二百疋進上、比興々々」
六・八	武家—兼秀朝臣(広橋)	細川陸奥守尹隆従五位下—従四位下勅許	「雖然武家者如此云々」
六・九	頭弁	大江俊直(鷹司前関白諸大夫)越前守勅許	
六・九	宣治	中原康雄隼人正勅許	
六・一三		藤原堯慶松雪院院号勅許	先皇親に院号許す、相続
六・一三		不断光院(比丘尼寺)勅願寺勅許	返事なし、六月二四勅許
六・一五	権大納言(三条西公条)	伊勢祭主大中臣朝忠正四位下—従四位上	
六・一五	兼秀朝臣	丹波頼景備後守従五位下(頼直子)元服勅許	

六・二	武家―両伝奏	上鴨県主景祐（キタムカイ）従五位上―正四位下	
七・三	万里小路中納言（秀房）―惟房（万里小路）	濃（能）州守護（畠山義総）修理大夫口宣	礼千疋進上
七・二九	甘露寺新大納言（伊長）	濃州守護（土岐頼芸）蘭奢待申請	
九・三	兼秀朝臣	加茂在理従五位下―従五位上勅許	
九・二	権大納言（公条）	正六位上権禰宜度会神主正棟叙爵―従五位下勅許	
九・二六	中務卿宮―兼秀朝臣	土佐国一条房基（房冬息）右中将正五位下勅許	歴名土代越階
九・二七	中務卿宮―両伝奏	土佐中納言中将一条房冬大将所望不許	一〇月三・五日・一一月五日勅許、万疋進上、返却
一〇・三	権大納言	神宮権禰宜度会神主文明叙爵―従五位下勅許	返事なし、一〇月二四日・二五日勅許
一〇・三	武家―両伝奏	光康朝臣（烏丸）従四位上不許	一〇月二五日三条西公条の請により勅許
一〇・二七	何日誰人取申哉忘却也	国範従五位下―従五位上同右近衛権少将侍従勅許	
一一・二七	（山科）言継朝臣	白山権現神主上道氏栄従五位下勅許	
一二・三	武家―宣治	藤原（二階堂）有泰山城守―中務大輔勅許	
一二・一八	定清―光康朝臣奉行（烏丸）	度会権禰宜叙爵	
一二・一八	権大納言―光康朝臣（烏丸）	度会権禰宜辰彦叙爵	
一二・二五	言継朝臣	狛信葛（舞人）左衛門少志勅許	
一二・二七	右大弁宰相（広橋兼秀）	大内左京大夫―太宰大弐勅許	〔一二月二二日「日花門被取立、惣用万疋進上、為其賞可申請由也」二八日召返す、翌五年正月一六日按察大納言三条西公条意見にて又勅許〕

きな武器となっていたのである。ただし氏は陪臣《ばいしん》が官位に正式に任官することはなかったとされているが、それはどうであろうか。氏自身大内氏家臣問田氏の備中守叙任を説いておられるように、もちろんあった。上位者の取次がいるだけなのである。

もちろん、将軍が官位の取次権をもち、諸国大名の官位を申請した例が多いことは事実であるが、問題は統制が貫徹し、独占し得たかである。将軍・幕府の力が衰え、統制ができなくなった時、戦国大名はそれを独占して掌握しようとする。どちらも独占できないから権力が二分化する。そこへ公家貴族が加わるから、問題は複雑になったと考える。例をあげよう。

『後奈良天皇宸記《しんき》』は、さらに詳しい官位付与の事情を語る。自筆本の伝わる天文四年（一五三五）が詳しいので、表にした（表1）。武家からの執奏も、大館《おおだて》伊予、日野晴光が使者にたち、頭弁《とうのべん》が申次というようにくわしく書かれている。武家執奏による官位昇進は、恵林院（足利義稙）十三回忌の正贈太政大臣、日野右中弁晴光の四位、細川陸奥守尹隆の従四位下、上鴨県主《かみかものあがたぬし》景祐（キタムカイ）の正四位下、烏丸《からすま》光康朝臣の従四位上、二階堂山城守有泰の中務大輔が記されている。天皇は将軍の日野など公家貴族の昇進の取次と越階について、強い不満を漏らしている。将軍も公家、神主などについて取次を行い、いささか原則がない感じは否めない。

ところで、宸記は国範というものを従五位上、侍従とするのに、「何日誰人取申すか忘却なり」と書かれた部分一箇所のみが無記載で、他は誰が取り次いだかがはっきりしている。したがって、武家

図1　蘭　奢　待（正倉院宝物）

の記載がない場合は、将軍ないし幕府が申請に関与したとは考えられない。寺社や公家貴族関係を除いて、武士関係で武家の記載のないものを挙げよう。近江の蒲生氏が一官を進めているが、橘以緒の申次である。濃州(能カ)大夫（畠山義総）が修理大夫《しゅりのだいぶ》に昇進、口宣案《くぜんあん》を下付されているが、万里小路《までのこうじ》中納言が取次、惟房（万里小路）が披露している。

ちなみに官位ではないが、蘭奢待《らんじゃたい》の下付の申請のことを記しておこう。蘭奢待とは、その字のなかに東大寺という文字が込められている名香のことで、東大寺の正倉院に納められ勅封《ちょくふう》されていて、勅旨による許可がなければ、下付されないものであった。頼朝や足利将軍たち、のちには信長、秀吉等の天下を取った権力者がその香を切り取ったことで有名である。しかし、戦国期には経済的に困窮した天皇が、戦国大名に下付したようで、記録に出るものだけでも、濃州守護土《と》岐頼芸《きよりあき》は、甘露寺《かんろじ》新大納言伊長を申次として蘭奢待を申請している（『後奈良天皇宸記』天文四年七月二十九日条）。『御湯殿の上の日記』享禄元年閏《うるう》九月二十一日条では、能登の守護畠山義総も蘭奢待下賜のお礼金を納めている。また『言継卿《ときつぐきょう》記《き》』では、三河刈谷の国人領主水野信元には蘭奢待ではなかろうが薫物を下賜している（元亀元年二月二十二日条）。

これらの守護大名・戦国大名の天皇を核とする中央集権化傾向を巧みに利用し

た経済的な解決方法でもあり、文化的に組織していったということができる。また、大名の方も領国内の権力集中化・組織化の方策の一つとして、官途などを巧みに利用したのである。その経過を大内氏を例として見よう。

3　大内氏の官位昇進と官途推挙

永正五年（一五〇八）前将軍義稙を奉じて入京した大内義興《よしおき》に対しては、すぐ下国しようとするのを止めたこともあって、四品《しほん》を与えようと朝廷で決定した。『実隆公記』には

四品の事仰せ下さるれば然るべきの由、内々の御沙汰に及ぶ、則ち宣下《せんげ》せらるべし、内々又、この趣を室町殿に申さるべしと云々、尤《もっと》も然るべきなり。（八月一日条）

と書いているように、宣下してそれを将軍に内々に知らせている。その処置を実隆は然るべきこととしている。ところがこの四品は『歴名土代』によれば、従四位下であった。それに不満をもった大内は、従四位上を欲しいと実隆に頼んだようで、実隆は、

大内四品の事、従上四位所望と云々、此事更に以て先規之事を知らざるなり、然るべからざるの由報じ了わんぬ、此の間の事重ねがさねこれを記すあたわず（同八月四日条）

と強い調子で不満の意を記している。しかし、九月十四日の『歴名土代』によれば、大内は従四位上

に任命されている。また、九月十七日には、禁裏へ万疋、勾当内侍《こうとうのないし》に千疋などの礼物を納めている（『拾芥記』）。

さらに永正九年（一五一二）には、前年の船岡山合戦の抽賞としての位階昇進の事があった。大内義興は自身実隆の家まで訪ねて依頼したようで、三月二十四日、実隆は天皇に、

義興朝臣所望の子細、委細これを披露す

と取り次いだ旨を書いている。二十六日には、

抑《そもそも》今日広橋中納言を以て、義興朝臣上階の事を、武家に仰せ談ぜらるの処、時宜あるべきの由、申さると云々、高国四品の事同前なり、

すなわち天皇は武家伝奏の広橋をして義興と高国の昇進について将軍の意見を聞いたところ、将軍はもっと適当な時期があるでしょう、と賛成せず、しかも

但し此のごとく、仰せ談ぜらるの由、御隠密たるべし

とそのように言ったことは黙っていてくれと言うことであった（三月二十六日条）。しかし、それにもかかわらず天皇は義興の昇進は決心し、二十六日付で従三位に任じている。そして実隆は翌二十七日、大内家人の沼右京亮《うきょうのすけ》を召し寄せ、

彼上階、叡慮として思食《おぼしめ》され御沙汰をよせらるの分なり、尤も眉目珍重なり、然れば、昨日の日付として宣下せらるべきなり、御礼の事等、吉日を以て申すべきの由

図２　細川高国画像

と仰含めている。

しかし、高国については

四品の事は、内々私より相尋ぬべき所存の由勅定なり

とあって、天皇は実隆に高国の所存を聞くようにと命令し、実隆が聞いたところ、高国は、

彼四品の事、先以て相忩がざる事なり、抽賞せらるるは一人の条、然るべきの由、（同永正九年三月二十八日条）

と、自分はまだ相応しくない、賞を受けるのは、一人でよろしいと返答したので事は落着した。武家へは後日、広橋をもって報告し、御意を得るの由の返答があった（四月四日条）。この経過に見るように、幕臣の場合においても、将軍の反対にもかかわらず、天皇の意志として決定されており、大内も幕府・将軍を介さず、実隆のような公家を仲介として運動している。

より詳しい公武の折衝事情がわかるのは、大内氏にかかわる神道の場合である。大内義隆が平野兼《かね》永《なが》に神道（唯一宗源神道）の相伝を望んだところ、吉田兼右《かねすけ》が兼永にその権限なしと主張して訴訟になった。武家は兼右に勝訴の裁決を行っており、兼右に綸旨《りんじ》をなさるるようにと進言し、天皇は兼右の出した支証が謀書であるという（『御湯殿の上の日記』天文三年十一月十五、十六日条）。しかし、幕府は兼右勝訴の裁決を行った。これに対して兼永派の大内氏は曇花院《どんげいん》門跡（後奈良天皇皇女聖秀）を仲介にして、天皇に運動し、天皇から武家に再度糾明を仰せだしている。この結末は武家が面目を失うといったので沙汰止みとなつた（『後奈良天皇宸記』四月十八日、二十六日、二十九日、五月七日、九日、十二日条）。とはいえ、大内氏が天皇を介して将軍に働きかけるという経路に注目したい。

また、大内義隆は天文四年、転法輪相国《てんぽうりんしょうこく》・右大弁宰相を通じて、大納言典侍局を取次[4]として、即位の費用を進上、また、日華門《にっかもん》修理費用に万疋その他数々の贈り物をして、大宰大弐《だざいのだいに》を望んでいる。九州攻略を目標としている大内氏にとって、大宰大弐は必須の名目である。これに対して天皇は勅許したり、その女房奉書を召し返したりしたあげく、按察《あぜち》大納言（三条西公条）の忠告に従って翌五年任命している（同宸記天文四年正月十八日、九月三日、二十一日、十二月二十二日、二十七日、同五年一月十六日条）。大内氏は将軍にも、「当年之祝儀」として太刀一腰、銅銭三千疋を贈っている（『後鑑』天文三年六月十七日所載御内書引付）。これは朝廷へのものと同額である（『後奈良天皇宸記』天文四年九月二十一日条）。その上朝廷へは前述のように、即位費用と日華門修理費用を進上しており、官位昇進の礼はもちろん別である。以上の経過を見るとき、幕府または将軍の取り次ぎがあったとは考えられない。

そこへ戦国も末期になると、将軍の廃立も激しくなって、京都に君臨できず流浪する有様になる。権力的に権威を支えるべき将軍が、権力を失い、それ自身権威化した時、上位の権威の方が優勢なのは当然であろう。天皇権威は、保証する権力の弱体化によって、経済的には危機に瀕したが、自立的な色彩を濃くしていった。幕府からの上納金や、幕府に委託していた料所からの収入が少なくなると、経済的困窮の度は強くなる。しかし、将軍の握っていた権威も、天皇のもとに移った感があり、諸国の大名・国人の官位授与は増加し、天皇への求心化の方向が強くなる。

もちろんこれは、経済的に困窮した天皇の方便という考えもなりたつ。官位を勅許して公家を派遣し、礼物を進上させ、禁裏料所の年貢を納入させる。即位料、御所修理料を納入させて、官位を上げる。以上によって、官位の乱発度は、戦国末期になればなるほど強くなっていく。乱発による天皇権威の低下と言えないこともないが、天皇権威がより広い層に普及したとも言えよう。

この時期の問題としては、何よりもまず何の権力もない天皇の与える官位がどのような効力をもち、それを大名・国人がなぜ欲しがったかという政治力学的問題であろう。すなわち問題は天皇にあるのではなくて、上昇志向をもつ在地《ざいち》にあるのであり、天皇は統一化の核にもなりうるし、権力の二分化の核にもなりうる厄介な存在であった。領国統治の必要上からは、戦国大名はこれを一元化して、その頂点に位置せざるを得ない。ひいては統一権力も、天皇を自己のもとに独占する必要があったのである。

さて大内氏に帰って、大内氏の官位昇進願望は大内氏の中央志向とのみ見ることはできず、家臣団統制の必要性に根ざしていた。次にその経過を見よう。

大内政弘は文明十八年（一四八六）六月、官位について有名な法令を出している。

一、諸人の郎従、受領ならびに諸司助に任じらるの事

築山殿（教弘）の御代以来、堅く停止せらるるところ、近年猥《みだり》に任ぜしむるの条、太《はなはだ》以て然るべからざるなり。郎従任官の事、建長式目分明なり。然りと雖《いえど》も、当時都鄙その沙汰に及ばざるの間、御禁制に能《あた》わざるなり、受領ならびに諸司助においては、自今以後、上裁を請けず、任ぜしむる族あらば、仁治御成敗といい、先の御代御法度といい、其の名を止められ、主人に至りては、別して仰せ出さるべきなり、よって壁書件の如し、

文明十八年六月　日

（大内氏壁書・九五号）

「諸人の郎従」すなわち、家臣の家来が、受領や諸司助に勝手に任じられることを禁じて大内氏の許可を必要とすることを規定している。そしてその禁令は、鎌倉幕府追加法の建長、仁治の法令にあることを明示し、大内氏においても、先代教弘以来の禁令であることを言っている。しかも、法令には明らかであるが、当時、都鄙においてそれが行われ難かったので、禁制をださなかったといっているのは興味深い。それが問題化したのが、近年のことであることがわかる。

文面では郎従のみを禁止しており、主人にも罪科が及ぶとしている。主人すなわち大内家臣はいいのかというとそれは当然、大内氏の統制のもとにあったと見るべきであろう。注意を引くのは任じられることを禁じており、私称を禁じているのではないことである。よし、私称があったとしても、大

内氏の統制を乱すという観点からすれば同じことであった。

かくして大内氏は官途称号を自分の統制下においた。大内氏の奉行人クラスはそれ以前から官途名を名乗っているから認可されたものであろう。ところで、大内氏関係の史料では大内義興の永正六年（一五〇九）より、家臣の官途推挙の史料が目立ち出す。いうまでもなく、義興が前将軍義尹を奉じて入京した永正五年以後である。これらは史料の残存度の問題もあり管見に入ったもののみであるので、定量分析はできがたい。しかし、大体の傾向を知るために『萩藩閥閲録』と『史料綜覧』記載のものを集計すると、その傾向は、次代の義隆、次々代の義長で、加速度を増して行く。義興の永正六年から、享禄元年（一五二八）の死亡までの一七年間で五件、それに対して義隆の治世の翌二年から天文二十年（一五五一）の二二年間では、四四件でざっと一年二件、義長の天文二十一年から弘治二年（一五五六）の四年間で一六件という多さで一年四件、倍に達している。

ところでこれらがすべて、京都の天皇の勅許を得たものかというと、それは疑わしい。これらのうち、中央の史料『歴名土代』などに出るものは、大内家関係と、右田良豊、杉興運、杉隆相、陶隆秋、陶隆仲という重臣たちが従五位下に叙せられているぐらいである。他は、『萩藩閥閲録』所収の諸家文書が大部分である。しかもそれらは、大内義隆、義長の判物で、所望の官途を京都に推挙するという内容のもので、推挙の結果は何も判っていない。例えば、『萩藩閥閲録』（巻七一）の小野貞右衛門家をあげると、

掃部丞《かもんのじょう》所望の事、京都に挙しむべきの状、件の如し

天文三年六月廿九日　大内義隆ノ判

小野弥五郎(清資)殿

山代(ママ)守所望の事、京都に挙しむべきの状、件の如し

弘治二年十月廿七日　大内義長ノ判

小野掃部允殿

のようなものである。小野氏は長門の国人で、先祖は、建武四年掃部助、永和三年掃部助、明徳三年式部丞の口宣案を有しているが、右に上げた大内氏推挙の分については、口宣案は残されていない。しかし以後、小野清資は、掃部丞、山城守を名乗っているようである。

推測するに、大内氏は、家臣の官途称号を朝廷に申請したのではないと思われる。ようするに大内氏としては推挙したということで称号を名乗ることを許可したのであろう。

以上、大内氏に見られるように、戦国武士に多い官途称号は、大名統制による許可のものが多いと考えられる。大内氏の官位昇進は目覚ましいが、それは支配下の序列に官途称号を利用したことと連動していると考えられる。大名当主の官位はもちろん正式の朝廷認可であるが、それが高くなければ、家臣に名乗りのみとは言え、称号を許すわけにはいかなかったからであろう。

以上のような戦国大名の家臣に対する官途称号の認可は、大名の支配組織に官途称号を利用しただけと言えば言えないこともない。大名としては自分が与えるにしろ、取り次ぐにしろ、統制して一本化すればよかったのである。そしてその統制者は将軍だけではなく、大内氏や毛利氏のような大名や、龍造寺や小早川のような領主に移っている。たとえば、

	許可者（取次）	許可された人	官名	出典
永正七年一一月一七日	前将軍義澄	大友義長	修理大夫	大友文書
大永元年正月一八日	千葉胤勝	龍造寺胤員	民部大輔	嵯峨文書纂
享禄二年一一月	松浦興信	鮎河次郎	左衛門尉	松浦文書類
弘治三年正月一二日	小早川隆景	村上又三郎	新蔵人	村上文書
永禄六年八月七日	龍造寺隆信	鶴田神五郎	刑部大輔	鶴田文書

のように、前将軍や土豪たちに、その主体も対象も移っていくのである。ここに大名や国人領主の将軍など上部権力に対する独自性の表現としてうけとることができる。しかし、領主の支配領域独自の階層的身分表示を適用できず、より普遍的な身分表示として、官途名を用いざるを得なかったところに、すぐ上の権力や近隣の権力に対抗する必要上、遠くて最高の権威をもつ天皇に結びつかざるを得ない局面があった。それは大きい意味では、天皇権威の網の目に取り込まれることを否定できない。

この傾向は、町や村落にまで及んだことは、既に述べたところである。庶民階層においても、兵衛、

衛門等の名前は、「官途成《かんとなり》」といって、共同体の認証のもとに、饗応を果たさなければ、名乗れない名前であった。それは兵衛尉というような正式名称ではなく、兵衛というような略式名称であるとはいえ、庶民世界にまで、官位制秩序が浸透していく過程でもあった。それはおそらく、個々分散的な村や町、領国までを含んで、全国一円の共通の文化が出来てくる過程において、普遍性、中央性等が要求される状況のなかで、天皇を核とする官位秩序が、うまくそれに乗ったからであろうと思われる。その文化的動向については後章で詳しく述べたい。

注

（1）加藤秀幸「一字書出と官途（受領）挙状の混淆について」『古文書研究』五号、一九七一年、二木謙一『中世武家儀礼の研究』吉川弘文館、一九八五年。
（2）百瀬今朝雄「管領頭に関する一考察—足利義教政権解明へのアプローチ」『日本歴史』四二三号、一九八三年。
（3）二木前掲書四一五頁、四四〇頁、四四二頁、四四五頁。
（4）脇田晴子『日本中世女性史の研究—性別役割分担と母性・家政・性愛—』第三章「中世女性の役割分担—勾当内侍・販女・勧進比丘尼—」、第五章「宮廷女房と天皇—『御湯殿の上の日記』をめぐって—」、東京大学出版会、一九九二年。

三　天皇による寺社の編成

1　神位・神官・僧綱制・国師号の勅許

天皇が寺社を統制する事は、鎮護国家の宗教として位置づける以上、当然の事であった。第一章の4に述べたように、すでに神社においては、『延喜式《えんぎしき》』において、名神社を選定して、諸社の格付けを果たしている。諸々の神とその神社を天皇が等級分けをして格付けたことは、この時期、世界に類を見ないものであろう。後の時代においても、これらの神社は「式内社《しきないしゃ》」として社格が高いものとされたのである。さらに単に格付けのみならず、その社格によって位田などが与えられたから、実質的な利益があったのである。

例えば、摂津国大山崎の山崎神は、「玉手より祭り来る酒解神《さかとけのかみ》」といわれた道祖神《どうそじん》らしき神であったが、山崎津の交通上の重要性、河陽離宮《かやりきゅう》への嵯峨《さが》天皇の遊猟などによって重要性を高め、承和六年（八三九）従五位下、同十年（八四三）正五位下を授けられて、名神に列している。天安三年（八五九）には、酒解神、酒解子神は正五位上に昇進している。ところがこの神とは別らしい山崎神は、承和十年に名神に列し、同十五年（八四八）御戸代田二町を宛てられている。[1] のち酒解神と山崎神は同一化したらしく、お旅所の横の川を五位川といい、宮座も五位川座と称している。この神を祭る神主は、宮座すなわち共同体の回り持ちであったから、この御戸代田二町は共同体による祭祀の費用として使われたものであろう。[2]

図３　酒解神社神輿庫

以上のように古代においては官位の授与は、何らかの収益を伴ったものであった。しかし、中世によく行われた僧綱制や神官の官位の任命権や、勅願寺の設定、国師《こくし》・禅師《ぜんじ》・大師《だいし》・上人《しょうにん》号などの勅許は、別に何の恩恵もなく、武士の官途と同じく称号による名誉に過ぎない。逆に任命料を納入するなど、付与された側の献身が目立つ。天皇家は名誉を与える事によって、逆に収益を得た。しかもそれによって一種の宗教統制を行うことができた。もらった側にとっては実質的な収益はなくとも、それによって得る部分が大きかったからこそ、その名誉を得ようと思うわけである。ここではその名誉によってどんな利益があったかを考えてみたい。

天皇権力を宗教権力とする見解は根強いが、天皇・朝廷が僧官・神官の任命権を掌握していることは、逆に俗権としての公権力が、教権より優越していることになり、寺社領などの不入権が、結局は骨ぬきにされて、分権的な権力が育ち難い条件を作ることは、すでに述べた。ここでは、宗教勢力が自己の体制内部での階層性よりも、他律的に僧綱位や神職の朝廷・天皇の任命権に律されていることが注目されるが、そのことが、各宗派の本末関係の統合が進むなかで、天皇を頂点とする体制に組織されることを指摘しておきたい。すでに平雅行氏は、寺社勢力の統合は院政政権によって達成されていることをあきらかにして、寺社勢力の総体としての政治的弱さを指摘されている[3]。

かかる統合の達成が、称号勅許の前提となる。上人号については、勝野隆信氏の研究で明らかになっているが[4]、戦国期も下るにしたがって、官位任命と同じく、より下級に広汎に、乱発され名誉職化され、売官される状況に注目したい。その他、国師号・禅師号・大師号・上人号・香衣の勅許などの発行は、天皇家の一大収入源となった[5]。その具体的なあり方は、『言継卿記《ときつぐきょうき》』『御湯殿の上の日記』等に散見するが、直接、天皇家にはいった礼金でいえば、『後奈良天皇宸記《しんき》』では、国師号で五千疋程度であり、禅師号では五百疋のお礼を小額だと、天皇は怒っている。上人号も香衣勅許も引合十帖と二百疋位、小高檀紙十帖と三百疋ぐらいのお礼が相場であった。金額はわずかであり、それが天皇の財政を多少なりとも潤したことから、天皇の無力さの徴証になったものであるが、それとは別に、権威が天皇家を頂点として集約される傾向を持つことになったのは否めない。これらの名誉称号の獲得が、僧侶など受け取る側にどれだけの効力があったのかは改めて考えて見なければならない。

さらに勅許は、諸国勧進《かんじん》や三昧堂《さんまいどう》建立にまでおよんでいる。後述するように、勧進を行うことや、三昧堂の建立についての天皇の認可権が確立していたのではなく、勅許を得ることによって勧進を効果的に行おうとしたり、三昧堂の格を高めるなどの利用価値に基づいていた。後に見るように、勧進帳の外題に勅筆を乞うたり、勧進の最初に、天皇の名前を書いてもらうことによっての効果が期待された。天皇も積極的に応じている。

2　勅願寺による編成

ここでは勅願寺《ちょくがんじ》について見よう。本来、勅願寺というのは、天皇の発願によって、鎮護国家・玉《ぎょく》体安穏《たいあんのん》のために建立された寺で、東大寺・薬師寺・大安寺などをいうが、この時期には、寺側の申請に基づいて勅命によって認可され、鎮護国家・玉体安穏を祈願する寺となっている。別に祈願所というものもある。将軍にも祈願寺があり、大名も、領国内の社寺を統制し、格式をととのえる必要上、同様の動きはある。そのなかで勅願寺にはどのようなものがなり、どんなメリットがあったであろうか（表2　勅願寺表）。

第2表　勅願寺表（三昧堂）（祈願所）

西暦	年月日	国別	勅　願　寺	敷　奏　者	備　　考
1547	天文16. 8.15	武蔵	三　宝　寺		旧ニヨリ
1522	大永 2.12.12	上野	茂　林　寺		
1535	天文 4. 6. 7	〃	談　国　寺	青　蓮　院	某院 真龍院号勅許
1522	大永 2.11.12	下野	本　光　寺		
1521	大永元. 4.21	越前	毫　摂　寺		
1536	天文 5. 3.22	〃	（西方寺）		三昧堂建立
1539	天文 8.10. 7	〃	永　平　寺	関　　白	
1526	大永 6.10.20	加賀	大　乗　寺	甘露寺民部卿	
1528	享禄元.閏9.11	〃	光　照　寺		
1542	天文11. 6.24	相模	早　雲　寺		
1550	天文19.11. 1	三河	大　樹　寺		
1528	享禄元. 5.24	尾張	祐　福　寺	坊　　城	
1541	天文10. 3.25	〃	曼陀羅寺		
1472	文明 4.10.14	美濃	善　恵　寺		（斎藤妙椿）
1513	永正10. 5. 2	〃	瑞　光　寺	甘露寺元長	
1531	享禄 4. 5.25	〃	立　政　寺	甘　露　寺	
1531	享禄 4. 5.27	〃	瑞　龍　寺	白　川　伯	（土岐・斎藤建立）
1473	文明 5. 2.12	伊勢	延　応　寺	安禅寺・甘露寺親長	申請・武家祈願寺
1478	文明10. 8.22	〃	（聖寿寺）	東洞院殿（天皇生母）	祈願所
1515	永正12.11.11	〃	慈　心　院		
1528	享禄元.11.28	〃	観　音　寺		
1531	享禄 4. 5.27	〃	六　大　院		
1534	天文 3. 4. 3	〃	某　　寺	宝積寺南御所	
1534	天文 3. 5.14	〃	無量寿寺	大　慈　院	天文 4. 4.11
1535	天文 4. 6. 6	〃	龍　光　寺		豊楽門院香奠
1476	文明 8. 6.27	山城	仏　陀　寺		
1482	文明14.12.	〃	比叡山西塔南尾ノ新造塔舎	妙法院門跡教覚	申請
1527	大永 7. 5. 8	〃	正　伝　寺		旧ニヨリ
〃	〃	〃	本　誓　寺		旧ニヨリ
1535	天文 4. 6.24	〃	不断光院		
1546	天文15.11.17	〃	正　法　寺	伝誉上人	
1537	天文 6. 4.28	摂津	本　願　寺	青蓮院尊鎮	

1560	永禄 3.12. 1	播磨	本徳寺	前内府	院家礼万疋
1541	天文10. 3.25	紀伊	総持寺		
1566	永禄 9. 4.27	長門	国分寺	勧修寺一位	旧ノモノ復活
1529	享禄 2, 4,26	備後	徳雲寺	二条殿	上人号
1479	文明11.12.25	筑前	善恵寺		
1538	天文 7.12. 8	筑紫	霊福寺		
1533	天文 2. 4. 3	豊後	某寺		修造ノ綸旨申請
1531	享禄 4. 7.20	日向	某寺	伏見宮貞敦親王	申請勅許
1546	天文15. 3. 5	薩摩	一乗院	左大弁宰相	

＊『御湯殿上日記』『後奈良院宸記』『史料綜覧』などによる管見。

例えば、美濃瑞龍寺は、守護土岐《とき》成頼《しげより》・守護代斎藤《さいとう》妙椿《みょうちん》主従によって、応仁元年（一四六七）に建立された妙心寺派の禅宗寺院である。文明二年（一四七〇）後花園天皇から勅額、後土御門天皇から準十刹《じゅんじゅっさつ》の綸旨《りんじ》が下付され、享禄四年（一五三一）には勅願寺礼物を進めているから勅願寺になったのであろう。この礼物は毎年進納するものであった。

また、美濃善恵寺は文明四年（一四七二）勅願寺となっている。これは斎藤妙椿の奔走によるものと思われる。というのは、文明五年、妙椿は美濃善恵寺住持と、尾張曼陀羅寺《まんだらじ》学頭とともに連署証状を両寺の僧徒にあてて、法門の興隆をうながしているからである。曼陀羅寺は少し遅れて、天文十年（一五四一）に勅願寺となっている。

天文十一年（一五四二）には、相模の早雲寺《そううんじ》が勅願寺となっている。いうまでもなく早雲寺は早雲はじめ後北条氏代々の墓所であるが、その前年、二代氏綱の死によって、整備し、寺格を高めたものと思う。

以上のように、領国大名、守護代などの建立、外護による新興寺院が、寺格を高めるために勅願寺を申請する場合があった。

それに対して、国人領主を旦那《だんな》とする寺が、大名権力に対抗して、勅願寺とする場合もあった。三河国大樹寺は、文明七年（一四七五）松平親忠が建立した松安院という寺であるが、天文四年（一五三五）ごろには勅願寺となっている。(5)

これは『大樹寺文書』にある、やぶ（藪）新大納言（四辻季遠）宛の後奈良天皇女房奉書によると、

ちおん院のまつ寺大しゆう寺のこと、ちよくくわん寺、たにことなる事にて候ほとに、てらの事へちきなく、いま川申つけ候ハヽ、よろこひおほしめし候ハんするよし、たけんによくおほせ事候へく候よし、申候へく候、かしく

とあって、知恩院の末寺の「大しゆう寺」は勅願寺で、他と異なる由緒の寺である。別儀の煩《わずら》いが無いように、今川が申しつけるならば、天皇が喜ばれるであろうと、仰せになっておりますと、四辻季遠に伝えている。これは『御湯殿の上の日記』天文五年二月九日条に、

みかわのくにより。やふとりつきにて。御ほしめしようらす御しゆりにとて五千疋まいる。御しはいあり。やふに千疋たふ。

とある。前掲のやぶ新大納言すなわち四辻季遠宛の後奈良天皇女房奉書とあわせて、松平氏または大樹寺に関したものとわかる。参考のため同文書をあげる。四辻季遠はその添状を、雪済あてに出している。

御下向の後は、鬱々本意に非ず候、よって知恩院末寺三州大樹寺の事、勅願寺他に異なる儀に候

の間、女房奉書下され候、然るべく候、本寺江御取成し専一候、法然寺下向の由に候間、委細申さるべく候条、擱筆候、頓首敬白、

霜月十七日　　季遠拝

雪済侍司下

折しも、三河国は今川義元に併呑された。同十九年六月十三日付で、今川義元は大樹寺に寺領安堵と守護使不入を「前々のごとく」として認めている（「大樹寺文書」）。それ以前から大樹寺は当然の事として、松平氏によって保護されており、大永八年（一五二八）松平長親によって徳政免除を与えられている。とは言え、松平氏は、守護でもないし、大樹寺にはもちろん守護不入権を示す文書は存在しない。もちろん今川氏も三河守護ではないから、駿河・遠江守護の公権の拡大適用と言えよう。この十九年から二十年にわたって、今川義元は、額田《ぬかた》郡全体にわたって検地をおこなっている(6)。いわば国人松平氏にとっても、大樹寺にとっても危機であった。このような危機において、勅願寺であるということは、領国大名に対して、他寺に比して別格を主張する根拠になったと思われる。この場合には、天文十九年十月十日付けで、今川義元の禁制を獲得して守護使不入権と徳政免除権を獲得できたのであった。

3　本願寺の貴族化と寺内町特権

勅願寺を楯に、大名権力の不入権を主張した、最も顕著な例は本願寺である。本願寺の勅願寺化、

天皇・公卿・本願寺婚姻関係図

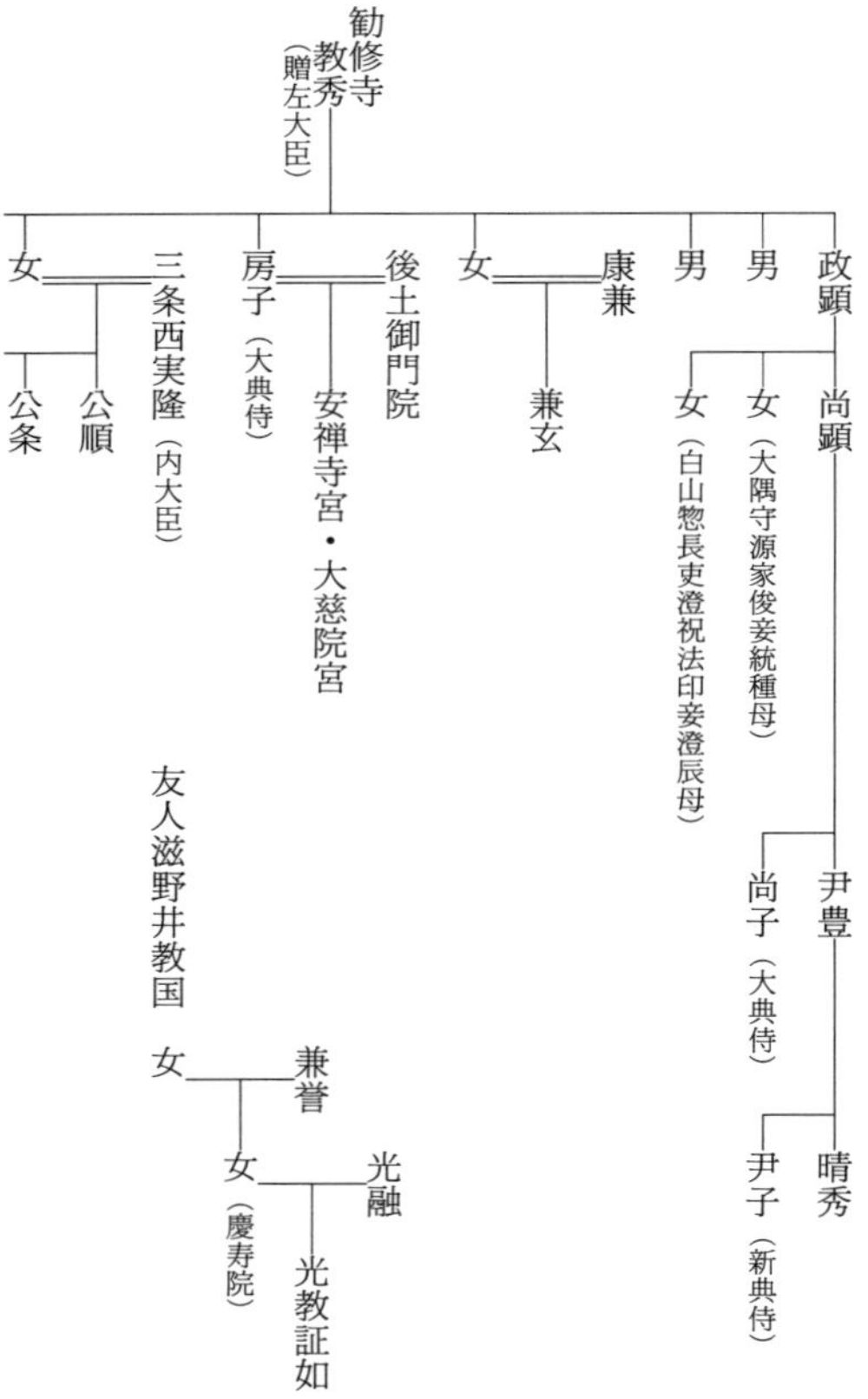

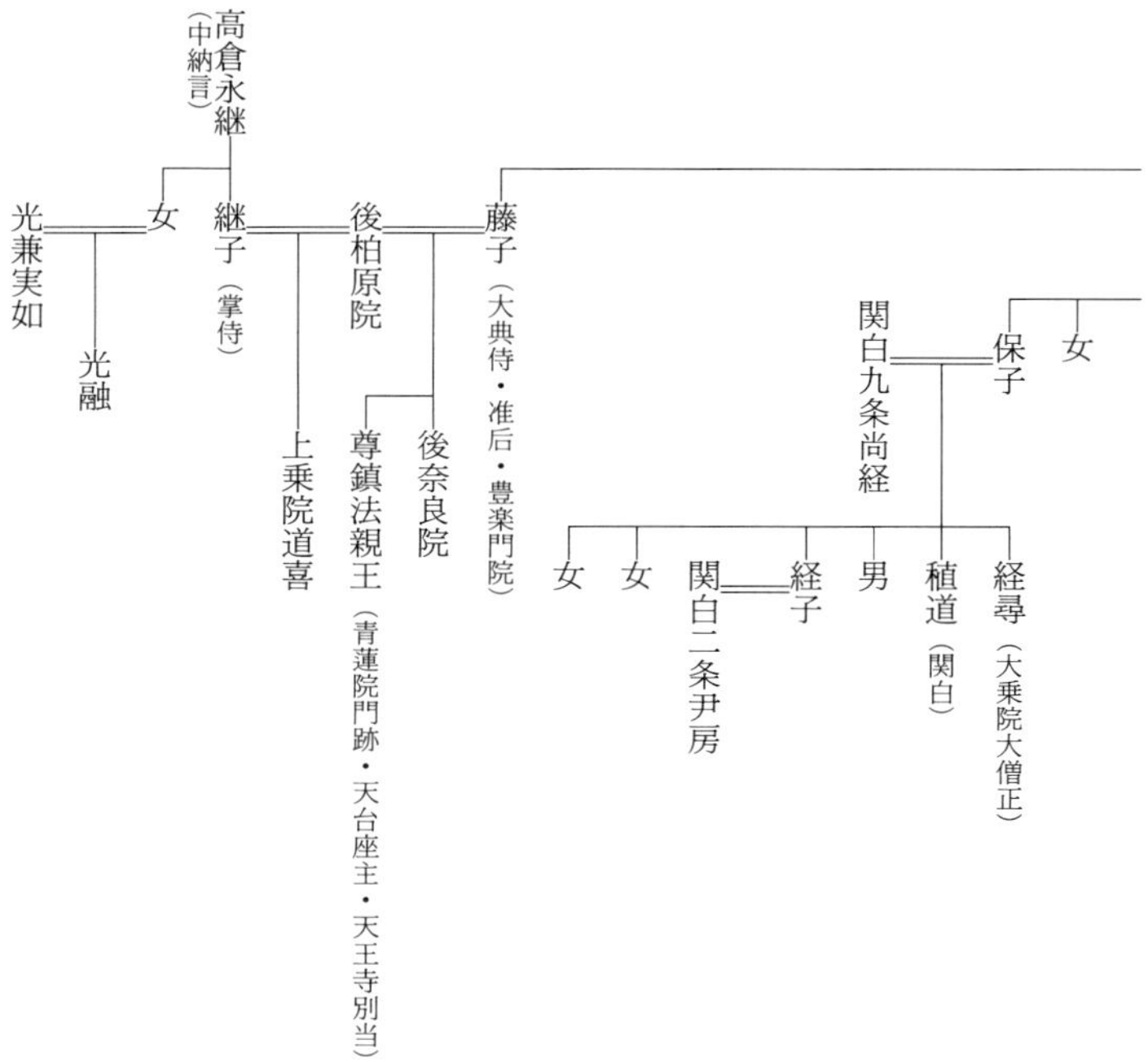

高倉永継（中納言）
女
光兼実如
光融
継子（掌侍）
後柏原院
上乗院道喜
藤子（大典侍・准后・豊楽門院）
後奈良院
尊鎮法親王（青蓮院門跡・天台座主・天王寺別当）
女
保子
関白九条尚経
経尋（大乗院大僧正）
植道（関白）
男
経子
関白二条尹房
女
女

本願寺婚姻関係図（『尊卑分脈』による。ただし関係部分のみ抜粋）

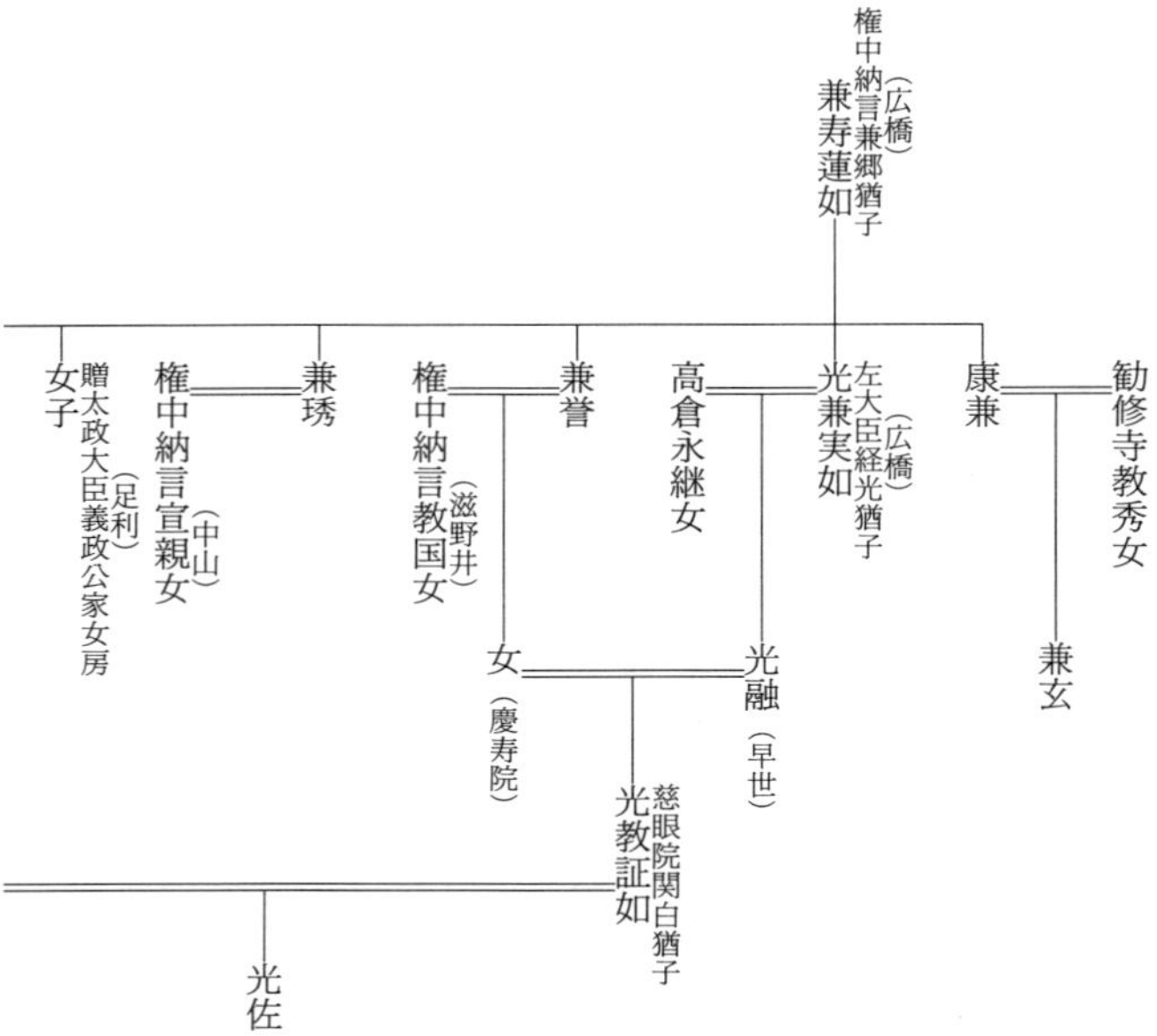

貴族化はおおむね、本願寺の保守化、一向《いっこう》一揆《いっき》との乖離としてうけとられがちである。しかし、ことはそれほど単純ではない。

寺内町形成による自己の領国化、一向一揆による軍事力の形成とともに、この時期において本願寺勢力の貴族化は本願寺教団の目指していた方針の連関した一環を成していた。新興勢力で、既成寺社勢力のように荘園領やそれにともなう不入権を持たなかった本願寺は、領有権の獲得に非常な精力を割かねばならなかった。貴族化はその特権獲得の重要な一環をなしたのである。

蓮如《れんにょ》以来、幕府・将軍に結びついていた本願寺は、実如《じつにょ》・証如《しょうにょ》の時代になって、急速に天皇家とのかかわりを深めていく。まず、本願寺は婚姻による貴族化を進めて

権中納言（中山）宣親
女子
権中納言重親女

いく。それはすでに蓮如から始まっていた。蓮如の子息たちは、勧修寺教秀、高倉永継、滋野井教国、中山宣親の娘たちと結婚し、蓮如の娘は足利義政の女房、中山宣親の妻となっていて、中納言クラスの天皇側近の有力な公卿と親族となっている。なかでも康兼が勧修寺教秀の長女と結婚しているのは大きい影響があったと思われる（本願寺婚姻関係図参照）。その姉妹は、次女房子が後土御門天皇の大納言典侍局であり、三女が三条西実隆の妻、四女藤子が後柏原天皇の大納言典侍局で後奈良天皇生母で豊楽門院である。この勧修寺局藤子の子供の青蓮院宮尊鎮法親王と、三女と三条西実隆の夫婦の娘の夫関白九条尚経や孫の関白九条稙道が、本願寺の貴族化に積極的に係わっていくのである（天皇・公卿・本願寺婚姻関係図参照）。後に見るように勧修寺局藤子も積極的に係わるのである(7)。

その縁が稔って、永正十一年（一五一四）には、後柏原帝第三皇子青蓮院宮《しょうれんいんのみや》尊鎮法親王得度に際して、二千疋を進上して、香袈裟《こうげさ》着用許可を得ている。ついで永正十五年（一五一八）、尊鎮法親王受戒について、一万疋進上、紫袈裟着用許可、後柏原帝即位費用進献によって香袈裟・紫衣《しえ》を許可されている。大永五年（一五二五）に、実如が死に十歳の証如が跡を継いだ本願寺では、享禄元年（一五二八）に、証如が九条尚経の猶子となった。これには、青蓮院宮尊鎮法親王と、そのご生母勧修寺《かじゅうじ》藤子（後奈良帝生母豊楽門院）、重野井《しげのい》などの公家が動いている。九条尚経の舅に当たる三条西実隆は、大反

第5表

年	事　項
享禄　元年(一五二八)	証如、九条尚経の猶子となる—青蓮院・滋野井・藤子動く。実隆反対
天文　五年(一五三八)	四方膳、十八文の高麗縁の使用許可—九条稙通と二条尹房：各五千疋謝礼 稙通、本願寺系図作る。本願寺、青蓮院の脇門跡望み許されず
天文　六年(一五三七)	証如、大僧都昇進—青蓮院推挙、勧修寺局取次ぎ
天文　七年(一五三八)	本願寺、勅願寺となる—諸公事免許・徳政免除—守護不入権・地子徴収権獲得
天文　九年(一五四〇)	正月青蓮院尊鎮法親王、本願寺に来る。猿楽などで歓待(宸筆勅書)。円如室慶寿院号勅許。 十月、勅書、系図叡覧
天文一八年(一五四九)	「三十六人家集」下賜、権僧正勅許
永禄　二年(一五五九)	門跡勅許
永禄　三年(一五六〇)	富田林道場(寺内町)大坂並「寺内」特権—諸役免許・座の保障・徳政免許獲得
永禄一二年(一五六九)	興正寺の脇門跡勅許
天正　三年(一五七五)	大和今井郷惣中(称念寺寺内)、「大坂同前」特権の獲得

対の由を日記に書き付けている(第5表参照)。

天文元年に入ると、本願寺を取り巻く風雲は、急を告げる。木沢長政・細川晴元対畠山義宣・三好海雲との戦いに、本願寺は、晴元を助勢するが、一転して木沢長政・細川晴元の勢力と敵対、山科本願寺が焼亡する。その後、晴元とは敵対続きで一勝一敗を繰り返し、天文四年には、尊鎮法親王の扱いで和睦し、幕府から赦免されている。そのころ天文三年(一五三四)、九条尚経子の関白内大臣の九条植通は職を辞して、大坂本願寺を頼ってきている。その縁故に依ったのであろう、本願寺は四方膳・畳の縁の十八紋高麗縁《こうらいべり》の使用許可をえて、植通と二条尹房に各五千疋ずつ謝礼をしている。また、植通は「本願寺系図」を作って千疋のお礼をもらっている（『天文日記』天文五年九月十三日条）。

このような形で格式をあげることの目的の一つは、青蓮院の脇門跡となることであったらしい。天文五年、それを望んで許されなかった本願寺証如は、その代わりなのか、翌六年、青蓮院門跡の推挙により、勧修寺局（後奈良天皇生母）を取次として大僧都《だいそうず》に昇進、その翌七年には、勅願寺となって、

図4　証 如 画 像

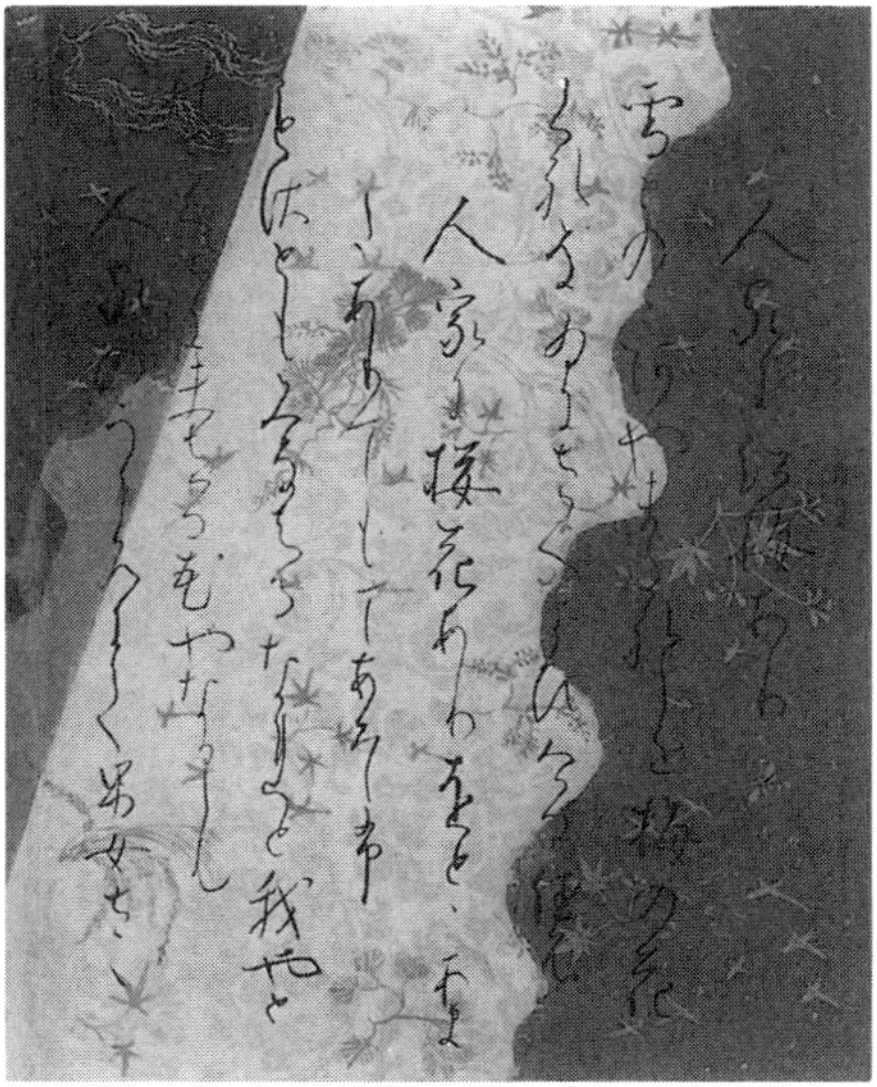

図5　「三十六人家集」貫之集（部分）

「今上御寿牌」「先皇後柏原院御位牌」を本尊の左右においた。(8)それまで細川晴元と交戦していた本願寺は同四年には和睦し、寺内町の地子銭を本願寺が取り纏《まと》めて細川に納入していたが、(9)勅願寺となった同七月、大坂寺内町は諸公事免許・守護不入の権を得て、本願寺が年一度地子銭を徴収することとなった（『天文日記』天文七年七月九日条）。同八月には、同じく細川より徳政免除権を認める下知状をもらっている（同天文七年八月二十七日条）。天文九年（一五四〇）正月、大坂本願寺に下った青蓮院宮尊鎮法親王は、猿楽などで歓待され、証如母は「慶寿院」の院号を許された。また十月には、勅書が下され、九条稙通が作った「本願寺系図」が叡覧に供せられた。天文十八年には、「三十六人家集」が下賜されて、権僧正《ごんのそうじよう》が勅許になった。そしていよいよ、永禄二年に、門跡《もんぜき》として勅許されて、院家を控えることとなる。脇門跡の勅許は、十二年のこととなる。

石山本願寺の寺内町としての大坂の特権の獲得は、ただちに、「大坂なみ」として各地の寺内町へと波及する。たとえば、門跡勅許の翌年に、大坂並寺内特権、すなわち諸役免除・座の保障・徳政免許権などを得た富田林《とんだばやし》は、近郷農村四郷によって作られた在郷町が、門跡となった本願寺の脇門跡興《こう》正寺《しようじ》をいただき、本願寺の勅願寺としての特権の傘の下に入って、「大坂なみ」という実質的な特権を得た。(10)天正三年には、大和の今井郷惣中《そうちゆう》（現今井町）も、「大坂同前」の特権を天正三年に得ている。勃興してくる小都市が自治を獲得するためには、この方法が最も至近であったと思われる。

もちろんこれらの動きは、本願寺教団の教線拡大を根本としている。天皇家、公家貴族との接近もその実力をぬきにしては語れない。しかし、特権行使の名分として勅願寺の名前が大きい効用を果たしたことも疑いないものであった。本願寺の貴族化現象は教団や寺内町における利益に結び付く面を持っていたのである。

私はかって、中世自治都市研究において、自治都市の形成に武士勢力に対する不入権獲得が大きな契機をなしており、そのために社寺の保護下に入ること、次には大山崎や淀のように、社寺の支配をはねのけるために、果敢に戦うことを論じた。その後、大山崎惣中は自治都市として独自に、不入権や徳政免除権などの特権を得るが、それを幕府から許される名目は、やはり、石清水八幡宮の「神領」または「神人《じにん》」の住所としてであった(11)。京都近郊の山科七郷は禁裏警固役《きんりけいごやく》を勤めることによって守護不入権を獲得した（『言国卿記』明応七年十一月十七日条(12)）。

また、近江国栗本郡の土豪で金融業も営んでいた立入氏は、京都に出てきて土倉を営業するが、後土御門天皇の葬送費用を進納する事によって、禁裏御倉職を得、またその特権を梃子として、徳政免除権を獲得している。それ故に富貴となったと『立入文書』の「禁中江忠勤ならびに御由緒の事」などに書いている(11)。

以上のように見てくると、天皇の勅許は、既成権力の秩序の体系化に利用される面と、新興勢力の格づけや自治都市などの名分化に役立つ面との両面性があった。それは王権としての天皇権が本来持っているものではなくて、権力として実質を失った天皇・朝廷が、時代の変化にのっとって未開拓の新興勢力に目をつけて、延命策として必死に編成した結果であった。もちろん、天皇家のみならず、よるべき武力も権力も失っていた将軍家も同様であり、官位乱発のかわりに、相伴衆、御供衆などの資格の乱発、勅願寺のかわりに、武家祈願所などの認可を行っている。前述したように、その意味において、天皇と将軍は同じことを行っているにすぎないから、権力のない権威としては、上位にある天皇が優位に立つのは当然の帰結と言えよう。領国大名も統一権力も、二分化の危険を防ぎ、自己のもとに統制するためには、将軍も天皇も掌握してしまう必要があった。したがって、まずは将軍を奉じ、次いで天皇を奉ずることで天下を統一した。幕府を倒した信長が、天皇に対して不徹底にならざるを得ないのは当然であった。勅願寺伊勢国金剛寺の寺領は、家臣の滝川伊予守によって没収されたが、朝廷よりの命令で回復している（「京都御所東山御文庫記録」）[14]。若狭国羽賀寺は祈願所であったが、信長命令で丹羽長秀が収公したのにもかかわらず、綸旨の結果として、寺領を安堵している[15]（「羽賀寺文書」天正六年十二月）。

統一権力としては、さしあたり、秀吉のように関白として同一化し、権限を吸収するか、徳川政権のように、朝廷権限を制約するかの方向しかないであろう。紫衣事件は制約化の一つの帰結であった。

注

（1）　大山崎町史編纂委員会編『大山崎町史　史料編』、一九八一年。

（2）　脇田晴子『日本中世都市論』「自治都市の成立とその構造」東京大学出版会、一九八一年。

(3) 平雅行「中世仏教と社会・国家」『日本史研究』二九五号、一九八七年。
(4) 勝野隆信「上人号宣下考」『高橋隆三先生喜寿記念論集　古記録の研究』続群書類従完成会、一九七〇年。
(5) 『史料綜覧』は天文十九年十一月一日に勅願寺となったとしているが、『大樹寺文書』（史料纂集、続群書類従完成会、一九八二年）には天文四年カとしている。本文の如く天文四年であろうと思われる。ただし、松平氏の菩提寺である当時、すでにこのとき「大樹寺」を称しているとは思えない。恐らくは、「大しゆう寺」であろうと思われるが、四六頁にあげた、四辻季遠の雪済宛書状は「大樹寺」とある。後考をまつ。
(6) 山中（山室）恭子「中世のなかに生れた近世―戦国大名今川氏の場合―」『史学雑誌』第八九編第六号表II、一九八〇年。
(7) 脇田晴子「大坂本願寺と寺内町特権」『なにわ大阪再発見』第5号、二〇〇二年。
(8) 『史料綜覧』では天文五年二月二十一日に勅願寺の礼物を納めたようにかかれているが、『天文日記』では二十二日条に、勅願寺を申入れるための樽を青蓮院に年頭挨拶のついでに上せたとあり、勅願寺としての礼物は、天文六年四月二十八日、十合十荷を門跡を通じて納めているのが最初である。
(9) 『本願寺史』第一巻、本願寺史料研究所、一九八四年、四二一頁。
(10) 脇田修「寺内町の構造と展開」『史林』四一巻一号、一九五八年。
(11) 脇田晴子前掲『日本中世都市論』「第六章日本中世都市と領主権力」。
(12) 註(11)前掲書「第二章中世京都の土地所有」。
(13) 註(11)前掲書。
(14) 『史料綜覧』天正三年十二月二十八日条所引。
(15) 脇田修『近世封建制成立史論　織豊政権の分析II』「第三章第四節統一権力と朝廷」東京大学出版会、一九七七年。

四　神々の編成

天皇の権威は直接的には、天地開闢《かいびゃく》の主たる神の子孫である天皇が国家を統治するという神国思想に負うところが大きい。蒙古襲来以来、神国思想が鼓吹されるようになり、神道理論も伊勢神道や吉田神道によって、整備されてくる過程についてはすでに研究が多い(1)。

黒田俊雄氏は、伊勢神道を「基本的に顕密仏教の一部として社家神道の一形態」とされたが、仏―神を対置したことに、「脱仏教」ではないが、その前提の一つとして把えられた。吉田神道（唯一神道）のように、顕密仏教にたいする自己の優越を主張することは、中世の体制に対する異端的なものとされつつ、しかしその思想は何ら新しい発想や論理を生み出さなかったこと、また、中世神道の世俗的性格を指摘されている(2)。たしかに、仏教理論を借りて換骨脱退して利用したことによって、社会構造のなかで具体的にそれなりの効果を持ったことは否めない。本地垂迹説による両部神道によって、仏教は在地の共同体が祭る神々を編成していったが、次には神道家たちが、低位に位置付けられた神々に格付けを与えていった。

かかる神国思想・神道理論によって、伊勢や吉田の神官、白川神祇伯《じんぎはく》などは、積極的に名もない共同体神や地方名神の組織・編成に乗り出し、神格の上昇や皇室祖先神へ習合させて行く。それはすぐれて中世後期から進行していく現象であった。

本章では、それが現実にどのような形で影響力をもって進行し、共同体神を祭る在地の側から見て、天皇や皇室祖先神に結びつくことによってどのような要望が達成されたかという点から考えたい。

1　猿楽能の勃興と伊勢神道

（1）観阿弥の神能

鎌倉後期、隆盛を迎えた田楽能《でんがくのう》に少し遅れる形ではあるが、ほぼ肩を並べて、そのころから猿楽能が各地の寺社の祭礼などに行われるものとなってくる。その猿楽能を物語性をもった、現在でも鑑賞できる芸能として高め、一世に風靡《ふうび》させたのは、観阿弥《かんなみ》・世阿弥《ぜあみ》の親子であった。

観阿弥の一座の猿楽興行を将軍足利義満《よしみつ》が観覧したのは、応安六年（一三七三）か七年の春であった。それによって、猿楽が世に出たと記憶されるようになった。そしてそのことによって、世阿弥が「乞食法師の子」（『後愚昧記』）といわれたように、「声聞師《しょうもじ》」とか、「散所非人《さんじょのひにん》」といわれた被差別民の芸能者集落の出身であった猿楽能の役者の地位も上がったのである。[3]

のちに世阿弥が語っているように、観阿弥が死んで後、「出世の恩」として観阿弥の命日に、同業者の近江猿楽の犬王道阿弥は、僧二口を供養した（『世子六十以後申楽談儀』）というぐらいである。

観阿弥の作能は、あらゆる分野にわたっているが、ここでは主題に沿って、「神能」を取り上げよう。(4)

まず、観阿弥作の「淡路」という能楽を取り上げよう。これは世阿弥の『五音《ごおん》』に、「亡父曲」とあり、詞章も一致しているので間違いないものとされている。作詞者は不明であるが、「日本古典文学大系」の『謡曲集』の解説では、観阿弥作詞の可能性を示唆されている。観阿弥かその周辺の人であろう。

この能楽「淡路」は、淡路二宮（現兵庫県三原郡三原町榎列・大和国魂神社）の縁起を主題にしたものである。勅使がこの宮に参ろうとすると、老人と若い男が田を耕している。土地のことをいろいろ尋ねると、いまだ世界にならざりし前をイザナギといい、国土治まり万物出生するところをイザナミとして、この淡路の国を初めとするといい、すなわち国土の種、万物創世の神徳による農耕の豊饒《ほうじょう》を誓うと、天地開闢《かいびゃく》・国土創世の神話を語り、自分たちが天地開闢の神であることを暗示して失せる。やがて夜になり、イザナギノ神が示現して、神舞を舞って、「天下・国家の安定、人民の生活の安定」を言祝《ことほ》いで終わる。

この「淡路」の「クリ」・「サシ」と言われる部分の詞章は、北畠親房の『神皇正統記』の国土創生

図6　淡路二宮（『一遍聖絵』巻4）

の神話の部分から、そのまま取っている。(5) それに続く「クセ」という部分は、地神五代までの『正統記』の記述の要約である。そして、国土創世の神の子孫たる天皇が国を治めることを説くのである。その譲りを二宮の神宮寺である「譲葉《ゆずりは》の権現」にかけて二宮と「譲葉の権現」の神徳を説いている。

淡路二宮というのは、平安末、院政期に国司が巡拝する都合上、各国の神社に順位が付けられたもので、二番目に位置づけられたことを示すものであるが、そうではなくイザナギ・イザナミ二神をいうとするなど、こじつけが目立つ作品である。

この淡路二宮については、鎌倉時代末期の『一遍《いっぺん》聖絵《ひじりえ》』に記述がある。「霊威新たにて、賞罰甚《はなはだ》し」という祟《たた》り神であり、もと西向きであったが、海上の舟人が疎《おろそ》かにして礼がないと祟りをなすので南向きにしたと伝えている。祭神は誰だか分からないが、

「祝部《はふりべ》わずかに伝へて、伊装冊《（ママ）》尊にて御座します」といったと記している。

神の名もわからないが、イザナミノ尊《みこと》らしい祟り神が、観阿弥作の能楽「淡路」によって、天地開闢国土創世のイザナギ・イザナミ二神となり、淡路一宮よりも優位なのはもちろんのこととして、日本に冠たる神社に仕立てあげられたことは疑いがない。また、神宮寺である「譲葉の権現」は戦国期、大永六年（一五二六）にも「淡路諭鶴羽《ゆづるは》権現僧宿尊」というものが社殿造営の資を諸国に勧進して、

図7　金　札　宮

図8　神能「金札」　浦田保利師
後シテ　天太玉神　冠の上に金札を飾る

活発な活動をしている寺（「淡路国諭鶴羽山勧進状」）であるが、それを譲国とかけて読み込むなど、実に巧みである。おそらくは、再建のための勧進などに使う目的で作られたものであろう。

また同じく、観阿弥曲附けと、世阿弥の『五音』に書かれている「伏見」（現行曲名「金札」）といわれる曲がある。作詞も観阿弥の可能性が強い。(6)これも金札宮の縁起を説くものである。金札宮は現在、伏見御香宮の摂社になっているが、御香宮を産土神《うぶすな》とする石井村のとなりの久米村の産土神であったという。ところが、不思議なことには、白菊井という香水によるという同社の社伝とは、(7)能楽「金《きん》札《さつ》」（伏見）は、全く違っている。

能楽「金札」は、伊勢の神主が伏見に訪ねてきたところ、「伊勢の国あこねの浦の宜禰《きね》の老翁」が金札を天より降らし、天津太玉神となのって、真の姿をあらわすというものである。

これも産土神を天津太玉神に習合させる意図の見える作品で、「淡路」と同様の制作目的が考えられる。前場のシテ（主役）を伊勢の宜禰の老翁とするように、伊勢神道の影響が強い。北畠親房と伊勢神道の関係が指摘されているから、(8)観阿弥の周辺に、伊勢神道や北畠親房に近い人が存在していて、それが作詞に影響したことは疑い無い。

能楽は、「乞食《こつじき》の所行」といわれ、散所の声聞師の芸能から出発し、民衆に育まれて成長したが、観阿弥・世阿弥父子の大成化により、武家貴族のもてあそぶものとなった。その上昇転化過程において、貴族文化的な教養を多く盛り込んだことが知られている。それは世阿弥の「幽玄」として注目されているが、神能とか、脇能といわれるジャンルにあっては、伊勢神道などの神道説をそのまま入れるという形で進んだのである。最近、能楽に天皇の治政を謳歌するものが多いのは、民衆がそれを望んでいたとする説があるが、そうではなくて、これらの作品が、決して庶民のなかの伝説などの作品化ではないことに注意する必要があろう。上からの神道学説が巧みに取り入れられたのである。しかも能楽は、同時に一般民衆の信仰と娯楽の対象であったから、この場合は、能楽を通じて、伊勢神道が民衆のなかへ浸透することになったのである。

もう一つの例として、「白髭《しらひげ》」をあげよう。世阿弥はこの曲を観阿弥が曲舞女《くせまい》（当時流行の謡《うた》いもの節曲舞とも言う節物）の賀歌女乙鶴から曲舞を習い、曲舞をとりいれた最初の曲として、

亡父、申楽《さるがく》の能に曲舞を謡ひ出したりしに〔よりて〕、この曲、あまねくもてあそびし也、白髭の曲舞の曲、最初なり。去程に、曲舞がかりの曲をば、大和音曲と申付たり

と『音曲口伝』に書いている。また『五音』に、

白髭曲舞　亡父曲付　闌曲なり　亡父作書

とあって、観阿弥の作詞作曲であることは疑いない。また、

申楽ノ内ナガラ、押シ出シタル道ノ曲舞ノゴトクナル也

といわれて、能楽のみならず、曲舞としても通用したことがわかる。この白髭の曲舞が、能楽「白髭」の「クセ」として作ったのか、曲舞のみとして作ったのかが、議論の別れるところである。しか

し、私は能「白髭」も観阿弥が作ったものと思う。

それはともかく、このクセの詞章は『太平記』（巻十八）の「比叡山開闢事」における玄慧法印《げんえほういん》が比叡山の重要性についてのべた発言の詞章と全く同じである。『太平記』の成立が応安七年（一三七四）で、観阿弥の死亡が至徳元年（一三八四）とすると、観阿弥が『太平記』から引用したことも考えられる。両者ともに原典があったかも知れない。ともかく、当時流布しつつある両部神道的な信仰の世界を、猿楽能に、導入して形象化し、信仰の大衆化をはかって流行を作ったといえよう。(9)

さてそのクセのあらすじは、

滋賀の浦に釣り糸を垂れている老翁としての産土神、白髭の神に対して、釈迦が仏法結界の地としたいので、この山を我に与えよというと、老翁は六千歳、ここに居るが、釣りをする場所が無くなるといって拒絶する。そこへ薬師がでてきて、自分は二万歳ここにいて、この地の主であるといい、老翁にこの地を譲り、仏法の地とせよという。そして二仏は東西に去った。

というのである。

産土神（地主神）の認可による仏法結界の地の成立は、高野山にも見られて、この時期に流布するものであるが、これは在地共同体の祭る産土神との相互依存のもとに成り立つ仏法の結界の形成を示している。

白髭明神の地と山一つ隔てた葛川《かづらがわ》の「葛川縁起」は、鎌倉期の成立といわれるが、比叡山無動寺の相応和尚の前に、葛川の地主神の志古淵明神《しこぶちみようじん》が現れ、葛川の領主権を譲るといったというものである。この縁起を利用して、葛川の住民たちは、その境界は地主神の志古淵明神の神意により、周辺の土民が侵犯することを神意に反する罪として、堺争論を優位に展開しようとした(10)。

以上のような、当時流布しつつある両部神道的な信仰の世界を、観阿弥は猿楽能に導入して形象化して、神々を示現させて、信仰の大衆化をはかり、同時に在地の共同体の祭る神の権威付けを果たすという役割を担っていた。それは当時力を持ってきた在地の共同体の要望とも合致していた。さらに物語性・戯曲性を持つ点において、在地の人々に大きく迎えられたものと思われる。

そもそもこのことは能楽や縁起絵巻などの創作過程に照らしてみると明らかである。天野文雄氏によると、能楽「白髭」の替間《かえあい》（間狂言の特殊演出）である「白髭道者」が、白髭神社の造替の勧進のために作られた事が明らかとなっている(11)。縁起絵巻などが寺社の依頼で、三条西実隆などが作っていたことは本書六―3に述べる。

したがって観阿弥が京都郊外の伏見の久米村の鎮守を舞台にした「金札《きんさつ》」を作り、地方の村々の社寺に過ぎない淡路二宮＝譲葉権現を扱った「淡路」を作るのも、恐らくは、在地共同体が祭る神の神威を高めて、その権威によって領主権力や近隣に対抗したいという要望によって依頼されて作られたものといえよう。

いわば御当地劇として作られ、初めはその当地の神前でのみ上演されたのが、名曲であれば、あちこちで上演されて普遍性を獲得するにいたる。現行曲として残った「淡路」「金札」そして「白髭」などは、かかる普遍性を獲得して、各地で演じられてきた曲と言えるのではなかろうか。

それでは神能によって示現する神は、在地共同体の何を守ったのであろうか。いかなる点で在地共同体の要求と合致したであろうか。「淡路」ではすでに述べたように、種を蒔《ま》き種を収める農耕の繁栄であり、天地開闢の神が、神の誓いとしてそれを守るという構図である。漁民に祟った神としては、少し変化があり、話が食い違うが、農耕文化が主導する中世では、イザナギ・イザナミ二神は農耕神と認識されていて、農耕に焦点をあわさざるを得なかったか、依頼者の共同体が農業共同体であったかも知れない。

「金札」では「身の望み」を聞かれて、「そら恐ろしや、この年まで、命すなおに憂へなく、上直なれば下までも、豊かに治まるこの国の」といわせて、上下の人々の生活の安定によって、豊かに治まる国を願望し、それを守る神を現出させている。

以上のように、自分たちの祭る神の神格を高めたい在地の共同体や、より広い範囲の諸国の中小地域神の祭祀主体の要望をもりこんだ能楽や縁起を作るわけであるが、その場合に、神格に権威をつけねばならない。観阿弥は、当時風靡していた伊勢神道や両部神道、または『神皇正統記』によって、国家神話に沿い、それに乗った形で、神能を作っていったのである。それは在地の共同体の祭神の権威を高めることによって、現実の諸問題を有利に展開したいという要望を汲み上げ、流行の神道理論に結び付ける形で実現し、主導していったのである。能楽が天皇の治世を謳歌するものが多いのは民衆がそれを望んでいたからだと主張する人々があるが、そうではなくて、当時の貴族たちによる神道理論に沿う形で能楽が作られていった事を証明できたと考える。

（2）　世阿弥の神能

在地の神々の昇格を狙い、共同体を組織している御当地の人々の要望に応えた観阿弥の神能に対して、世阿弥の神能は御当地を脱していた。地域神に取材したものでも、その視点は普遍性にあり、神の祝福は天下国家の安全長久にあった。

例えば、御当地的な山神を主人公にした世阿弥作の神能「養老」を取り上げよう。「養老」は孝子に感じて、神が滝の水を薬の酒に変えたという奇跡の「養老の滝」伝説に取材したものである。その奇瑞を聞いて勅使《ちょくし》が派遣されるが、そこに「山山神《やまさんじん》」が現れて、太平の御世《みよ》を言祝《ことほ》ぐというものである。これについてはすでに、相良亨氏の綿密な研究(12)がある。

相良氏は「祝言《しゅうげん》」としての神能にみる世阿弥の哲学を、宇宙の根源のまなざしとして捉えられ、天下の根源の地上に実現されたあり様であり、この願望が予祝芸能として謡われる時、「神の影向」となる。しかも「神の影向」などの奇瑞は、時代・地域を超えて「この国の君と世を守る神の存在」を示し、世阿弥にあっては時には、神はより普遍的な天になるとされる。

すなわち世阿弥にあっては、天下の泰平とは、君・大君の治める御代を神が擁護することによってもたらされる。これは天皇の治める国を神が守るという神国思想の芸能化であるといえよう。しかし、王の治世を神が守って天下の泰平があるのは、中世社会での世界的な通念である。ただしその際、問題になるのは、この神や君が日本的・特殊な天地開闢の神とその子孫たる天皇のみを指すか、否かであろう。それ故に相良氏も普遍的な天を強調される。

たしかに世阿弥にあっては、この神は仏であってもよく、地域の山神であり、楊柳《ようりゅう》観音であり、神仏習合的な国家鎮護的な世界を示している。「君は舟、臣は水」というのも儒教的徳目であり、君は必ずしも天皇に限らず、将軍やあらゆる主君に拡大する。もちろんそこにもこの曲の眼目がある。「君が代」も登場するが、中世においては「君が代」の君は、主君すべてに適用され、芸能者の言祝ぎにはお客はすべて君として「君が代は」の五文字に続く歌が謡われた。

図9　能楽「養老」水波の伝
養老の滝の山山神　浦田保利師

中世では、君というのは主君すべ

てであって、その頂点に大君としての天皇がある。その大君＝天皇も室町期には、将軍と同じく通称は「御所様《ごしよ》」であった。世阿弥が「当御世の初め」といったのは、将軍を指している。

しかし「養老」にかえると、養老の滝の水の奇瑞を確かめに行くのは、勅使《ちよくし》であった。勅使の出現によって、この曲は疑いもなく天皇の治世賛美の曲になる。それと同時に、局地性を脱却して、中央性・全国性を獲得する。ここでは天皇とは中央の象徴であった。

それでは何ゆえ天皇なのか、世阿弥の仕える将軍でないのかが問われなければならない。それは在地の情勢にかかわっている。中世後期における農民・商工業者の成長が、かれらの共同体編成の結束点にあたる神祇祭祀の高揚を結果したが、その高揚を将軍・幕府や大名が、独自の宗教的編成をなしえず、神道諸説が天皇を頂点とする神道体系に編成組織することに成功していったからである。将軍・大名も例外ではなかった。能楽の神能物もその一環であり、その主たる推進者が観阿弥であったことは既に述べたところである。

その上に立って世阿弥は、天下安全長久のための神能を作る。それがなぜ将軍でないのか。世阿弥の神と天皇と将軍の位置づけを、世阿弥がもっとも神能らしい基本形として自賛した「弓八幡」を見よう。世阿弥は、『申楽談儀』に、

祝言の、かかり直成道より書き習ふべし、直成体は弓八幡也、曲《くせ》もなく、真直成能也、当御代の初めのために書きたる能なれば、秘事もなし

とあるように、将軍義持の就任の祝いのために書いたもので、曲も無いまっすぐな能だとする。

これは勅使が源家の氏神である八幡宮に行くと、末社の高良の神が現れて、神代では桑の弓・蓬《よもぎ》の矢で天下を治めたが、今は泰平の世であるので、袋に入れて帝に捧げるのだと、泰平の世の到来を言祝ぐというものである。

天皇の治める世ではあるが、泰平の到来を武威によるものであることを確認して、しかもその武力の象徴を袋に入れて収めた上、足利家ひいては源家の氏神であり、武神である八幡社の末社の神から勅使を通じて、帝に捧げる。このあたり、将軍の功績とその重大な役割をもっとも端的に主張して、足利将軍家のいいたいことを、ごく素直に表現していると云いうる。八幡社から直接帝に捧げず、末社の神と勅使という従者同志のやりとりとなるのは、当時の書札礼《しょさつれい》と同じ礼儀であろう。世阿弥は天下の安全長久、すなわち平和の到来を、将軍の武威の結果と見て、帝の臣下としてそれを行うことを神も嘉するという言祝《ことほ》ぎの祝言曲を作成したのである。

観阿弥の「淡路」も「金札」も同じ類型で、勅使が登場する。その意味では地方の神を中央に繫ぐものとしての普遍性が、すでに現れていて変わらない。しかし、勅使の下向、神の化身が仮りの姿を現して由緒を説く、そして後場では神そのものの示現という筋立ては同じであるが、どこか違うのである。世阿弥の神能の神は、神そのもののあり方に在地性・具体性がない。観阿弥にあっては、地域の神の威徳を中央の教学によって解釈して高めようというところがあった。世阿弥にあっては、地域の伝説――しかしそれは中央に採集されたものであった――に取材しただけで、あくまで中央の解釈による抽象的な次元の神の顕現であった。

したがって、「養老」の神は、地域の郷土神でありながら、庶民の生活を守る産土神でも地主神でもなく、彼が保障するのは、勅使の奉じる君、すなわち天皇の長寿と国土の安全長久であった。観阿弥にあっては、主眼は地域の生活の安定であり、世阿弥にあっては、天皇の治世と将軍の武威による天下国家の安定が地域の民の生活の安定に繋がることになる。

観阿弥が地域を中央に結び付けたとすれば、世阿弥は中央から地域を包含し編成する芸能を打ち出した。それは紀記神話に取材した世阿弥作の「鵜羽《うのは》」が百年後の文亀元年（一五〇一）和泉国日根野《ひねの》荘の地主神の祭礼に、素人によって演じられている（『看聞日記』）のを見れば明らかである。それは名もない地域の神々が、やがては皇室祖先神に集合していく国家統合ともいうべき動きの一翼を担っていくことになったのである。

しかし、被差別の芸能者である「声聞師」から出身した猿楽師が、高度の神道理論や貴族文化の大衆化に果たした役割は大きい。かれらは村々町々を巡業して、文化の伝播者・媒介者の役割を果たした。それと同時に、大和四座は被差別の声聞師集団から脱却して武士と同格に近いお抱え能楽師の地位を獲得した。彼らのアイデンティティは実現されたと言える。

2　吉田神道の編成

（1）吉田兼倶の大元宮

図10　吉田神社大元宮

戦国期に入った文明十六年（一四八四）、吉田兼倶《かねとも》の唯一宗源神道の提唱、大元宮などの斎場所の設置によって、神道編成の動きは活発化する（『大日本史料』十一月二十四日条）。吉田兼倶は皇大神宮の神器が吉田社に降ったと天皇に奏し、天皇はそれを儀定所に迎えて拝し、兼倶の作った大元宮に安置することを命じている。伊勢の神官荒木田守朝《あらきだもりとも》らは、それが全くの虚妄であることを連署して弾劾しているが（『御湯殿の上の日記』延徳元年十一月十九日条）。三条西実隆《さんじょうにしさねたか》も甘露寺親長《かんろじちかなが》も、猛反対であった（『実隆公記』）。この経緯については、後章を参照されたい。

しかし、天皇はとりあげず、続いて兼倶から神道の伝授を受けたり、疫神祭、鎮魂祭を行わせたりしている（『御湯殿の上の日記』文明十六年六月十八日条、長享二年七月二十六日条)。

天皇および側近が兼倶に好意的であったことは後土御門天皇勅額の「大元宮」によっても明らかであるが(『吉田兼致卿記』文明十六年十月五日条)、日野富子も積極的に賛成して、外宮の額は彼女の筆であるという。

赤瀬信吾氏は大元宮建立一ヵ月後に開かれた文明十六年十一月二十四日の宮廷連歌で、それが肯定的・弁護的に詠まれていることを明らかにされている。(13)すなわち、

35　山陰はかやが軒ばもある物を　海庄山大納言(高清)
36　もろやしろにぞ宮はかはれる　権帥《ごんのそち》(葉室教忠)
37　すぐなるにやどすは神の心にて　中院一位(通秀)

藤原山陰が造った吉田神社にかけて山陰にある茅《かや》づくりの大元宮をさし、諸国の神のすべてを奉ったもろやしろ(諸社)に変わったことをうたい、それを神は正直の頭にやどると言う諺にかけたものである。

かくして、吉田兼倶の唯一宗源神道は、吉田家が各地の神職を組織する端緒となった。「神道長上」を称した吉田家と、神祇伯《じんぎはく》白川家は江戸時代に競って神社組織化にのりだすが、それはここに始まったと言えよう。この動きは、商工業における独占権形成(14)や寺院の本末関係の整備などの動向と、軌を一にしているのである。

三条西実隆や甘露寺親長など良心的な公卿たちが反対しているのにもかかわらず、天皇が積極的に応援したのは、天皇家にとってこの神道編成がプラスに働くことをよく認識していたからであろう。

（2）　清原宣賢の学説

吉田兼倶の子の清原宣賢《のぶかた》は、後奈良天皇の侍読（天皇・東宮の学問の師）であり、将軍義晴にも講義をし、伏見宮その他の貴族にも『中臣祓《なかとみのはらえ》』を講じたりしている。また、享禄・天文ごろから、若狭の武田義統《よしむね》や、能登の畠山義総《よしふさ》に招かれ、『孟子』や『日本書紀』『神代抄』を講じている。宣賢自筆の手控え「日本書紀宣賢講抄」の奥書には、

天文五年正月二十九日なり、栖雲寺、玉西堂発起す、武田舎弟なり

とあつて、宣賢の講義を若狭の大名武田氏の弟の禅僧が発起して聞いた講演録であることがわかる。また宣賢は、天文十四年（一五四五）には、越前の朝倉義景の招きで一乗谷にゆき、同十九年ここで客死している。現在一乗谷に墓石が残されており、資料館に展示されている。彼が戦国大名の間を渡りあるいたのは、経済的困窮によるものであるが、彼を受け入れる大名側の需要もあるわけで、彼の学説が、公武の勢力にある程度の影響力をもったことは否めない。

宣賢は、父兼倶の『神代抄』を継承し、さらに一条兼良の『日本書紀纂疏《さんそ》』とを比べ、場合によっては取捨選択して、宣賢独自の解釈をして、それが林羅山《らざん》の儒家神道にまで継承された。宣賢の説は、

自然・人間すべての生命と創造の現象を、汎神論的に一心とか心王とし、天地人三才を司るとするが、これは心性を示すとともに、国土開闢以来の素戔嗚尊《すさのおのみこと》以来の神国の王者が、天地人を司るという意味をもち、つまりは神の体現者たる天皇の絶対性を説くものであった(15)。

このような神道理論の神学的な意味については、あらためて問われなければならないが、ここではそれらが一般に浸透したものとして、能楽にも唐突に「素戔嗚尊の守りたまえる神国なれば」(「草子洗小町」)や、狂言歌謡に「天地人のさざえ（三才の洒落）となりて」(「貝づくし」)などの言葉が挿入されていて、神国思想を鼓吹する詞章が多いことを指摘しておきたい。素戔嗚尊がどうして出てくるかというと、疫病神であるが、後には厄病《やくびょう》から善人を守る神となった牛頭天王《ごずてんのう》が、鎌倉時代以後、記紀神話の遂いやらわれる神としての素戔嗚尊と習合して信仰されるにいたったものと思われる。この牛頭天王と素戔嗚尊の習合は、『釈日本紀』に、初めて出てくるので、吉田家系統から出てきたものと考えられる(16)。

（3）　天皇を中心とする神道編成

さて、このような天皇を中心とする神道の編成はどのような形で現れるか、以下具体的に見ていこう。

一四九四年（明応三）、後土御門天皇は後鳥羽天皇を追崇して、水無瀬《みなせ》神の号を上げて祭っている

（『御湯殿の上の日記』八月二十三日条）。このように直接の祖先に対する名誉回復もあるが、それよりも著しいのは、地方名神や、各地の名もない共同体の結び目にある神々の皇室祖先神との習合や、天皇への申請による神格の上昇の例をあげたい。安丸良夫氏は、明治維新における共同体祭祀神の皇室祖先神などへの神道化に注目されているが、それはすでにこの時期から始まっているのである(17)。

明応七年（一四九八）後土御門天皇は、下総葛西《かさい》荘の地主神を葛西大明神と称することを許す綸旨《りんじ》を出している（『宣秀卿記』明応七年三月二十六日条）。また、永正十七年（一五二〇）には、近江小幡社を惣社大明神と号することを許可する後柏原天皇綸旨が出ている（『実隆公記』十一月十二日条）。これは元応寺というものが、三条西実隆に懇望し、実隆が職事である頭左中弁万里小路秀房《とうのさちゅうべんまでのこうじひでふさ》にいって綸旨を申し請けたもので、綸旨の案まで書いて与えている。吉田家の神社編成に反対した実隆としても時代の動きに乗らざるを得なかったらしい。現在、近江小幡郷で小幡社に比定できるものは、山王《さんのう》神社のみである。中世小幡郷は保内《ほない》商人と対抗する小幡商人の根拠地であり、小幡商人は日吉《ひえ》大宮の神人と称していた（『今堀日吉神社文書集成』八〇号）。したがって、小幡社―山王神社は、小幡商人と密着して存在していた小幡郷の宮座の結節点として勧請されたものと考える。その社の綸旨による昇格化は、小幡商人の財力によるものと思われるが、勅願寺の場合と同じく在地勢力の拮抗のなかでの優勢を保つための方策であろう。

ところで惣社というのは、十、十一世紀、国司が一宮、二宮以下の国内神社を一堂に集めて祭り、参拝の手間を省いたものであるが、小幡社に与えられた惣社大明神号というのは全く性質の違うものである。また、葛西大明神も、延喜式内社の名神とは異なるものである。管見に入ったもののみの考察であり、大明神号付与は時代的に遡るかも知れないが、それが共同体祭祀の地主神ランクにまで及ぶところが、戦国期的現象と言えるのではなかろうか。

さらに文亀三年（一五〇三）後柏原天皇は、石見国小石見神に大明神号を授けている。これは神祇《じんぎ》伯《はく》白川家の『忠富王記』（七月二十五日条）によるもので、中原師親の取次で勅許されたもので、忠富が兼倶に知らせているのから見てその斡旋によるものであろう。白川家は当時吉田家と親しく、兼倶の文明十二年禁裏講義に当たっては、伯資益王や忠富も列席していた（『宣胤卿記』十月二十三日条）。明応七年（一四九八）には兼倶は子息兼致《かねむね》朝臣《あそん》を通じて、

下総国勝鹿郡降化地主神

近江国野洲郡春日別宮神

日向国宮崎郡福島霊神

の三神の神号を申請し、勾当内侍《こうとうのないし》（宮廷女官の第三等官内侍の最上官、宮廷の事務を管轄）(18)がとりつぎ天皇は心得た旨を仰せ出している（『忠富王記』九月二十三日条）。忠富は「不審多きなり」としているから、忠富が斡旋したかどうかはわからない。霊神といわれるものにまで神号を下附していることは注目すべきことである。

萩原龍夫氏の指摘によれば、このうち近江の春日別宮神は、吉田家の「宗源宣旨秘要」には、すでに延徳二年（一四九〇）大明神号を下付されたことになっており、下総の降化地主神、日向の福島亡霊神魂はそれぞれ明応七年七月に明神号を下付されている。(19) 氏も言われる通り、事後承認を天皇に求めたものであった。しかし、吉田家としては一つ一つ執奏の手続きを取っておれず、孫の兼右《かねすけ》は、

惣じて別して奏聞せしめ、宣旨を遣わすべきと雖も、一向指したる仁にあらざるの間、□□□私に之を任ず可し、社家衆度々其例有り、（『兼右卿記』永禄二年四月九日条）

としていることでも明らかである。官途を伏見宮や大内氏が勝手に与えた事と同様のやり方であった。萩原氏の調査によれば、このような郷村神社の組織は、兼倶の代で一四件、兼満の代で一七件、兼右（永禄以前）で四二件が認められている。(20) これに対抗して、白川家の神社編成も進んだと思われるから、共同体祭祀レベルにおける神社編成がこの時期から進行していったのである。

（4）在地社会のメリット

それでは神格を高めたり、天皇に保証してもらうことは、祭祀を行う側にとって、どのようなメリットがあったであろうか。明応七年（一四九八）白川忠富は近江国勢田郷建部明神が年来、神事を行えないと社人が嘆くので、天皇に申し入れて綸旨をもらってやっている。建部明神は近江国一宮で、共同体祭祀レベルではないが、事情をうかがうに足ると思う。

江州勢田郷建部明神の事、年来甲乙人等、事を左右に寄せて、神田を勘落せしむるの間、神事有名無実と云々、然るべからざる者也、早く先規に任せ、神事の再興を致し、御祈禱を専らにすべきの由、下知せしめ給うべきの旨、天気候ところなり、仍て上啓件の如し

明応七年九月廿一日　　右中弁守光

謹言上　伯二位殿

この綸旨の案文をそえて伯二位家の御教書を下している（『忠富王記』明応七年九月二十三日条）。神田を勘落した武家勢力に対しての措置であることは明らかであろう。社人と言われる人々が、建部社を核に結集している在地勢力であることはいうまでもない。

例えば、大山崎神人《おおやまざきじにん》は石清水八幡宮の分社として離宮八幡宮を建てて、その神人＝社家と称していたが、明徳三年、大山崎四至内をその神人在所として、足利義満袖判の御教書《みきょうしょ》をもらい、武家勢力からの不入権を獲得した（「離宮八幡宮文書」）。同様に建部社も、神田とすることで、不入権や、免税地の特権を獲得する名分が得られ、それを目的としたと思われる。保内今堀郷においては、神田とは、村人の惣中でまつる今堀日吉神社の神田をさし、それはとりもなおさず、惣有田を意味した。(21)天皇による神格の昇格、それに基づいての綸旨の下付などによる神田の保証などが、在地に有利に働く面が現実に存在したのである。よく引用される「諸国ノ百姓ミナ主ヲ持タジ……トスル」（「本福寺跡書」）などの傾向は、現実にはかかる利点に基づいた百姓たちの行動であった。

3　地域神の皇室祖先神への習合

(1)　伊勢の神への習合

以上は天皇家、吉田家などによる神格の昇格化の例であるが、地域の神々の伊勢や神功皇后など皇室祖先神への結びつきもこの時期には見られる。まず洛中洛外に今伊勢、今神明と言われて伊勢の神が勧請される動きが応永、永享ごろから顕著に現れる。すでに新城常三[22]、萩原龍夫[23]、瀬田勝哉[24]諸氏の研究にくわしく、悪疫の退散に効力がある流行神としての性格が論じられているが、若干論点も異なり、付け加えることもあるので本書に必要なかぎりにおいて見よう。

宇治の栗隈《くりくま》山の神明社は、宇治神明、今伊勢、今神明の別名がある。社伝では、平安遷都後まもなく勧請されたといわれ、能狂言「栗隈《くりこ》神明」では、延喜四年に伊勢の刺史《しし》服部俊章なるものに、老翁に化身した神が祭らせたという縁起が語られている[25]。しかし、『看聞日記』が史料的に早く、応永二十三年七月二十六日条に「今伊勢」として出て来る。おそらくこの近い時期に勧請されたものと思われる。萩原氏もいわれるように室町・戦国期は、神社造立のラッシュの時期であった。能狂言「今神明[26]」では「此頃宇治へ神明の飛ばせられたが。これを今神明と名附けて。夥しい参詣があるげな」と、最近のこととしてその繁栄ぶりが語られている。

図11　宇治の栗隈山の神明社

文明十一年四月二十六日、日野富子の参詣に当たって、参詣路の掃除の権利をめぐって、宇治の民と三室戸の民が闘争し、宇治橋や橘寺、三室戸の諸堂が焼かれた（『後法興院政家記』『大乗院寺社雑事記』）。単なる奉仕の掃除をめぐって闘争する筈もないから、神明社参詣路（羽戸縄手）についての管理権が存在し、それについての利益の取り合いが原因と考えられる。神明社も一般の参詣客を集めたとはいえ、近隣の郷民の祀るものであったことが窺える。

永享十年（一四三八）、『氏経卿引付』（一）には、皇大神宮神主解と大神宮司解を載せている。その趣旨は、洛中洛外に最近、大神宮を勧請するものが多く、その停廃を願って、皇大神宮神主は大神宮司に訴え、大神宮司解によって朝廷に訴えている。それによると

かくのごときを神明と号するは、洛中洛外近国遠国、或は飛て御座ますと称し、或は御託宣と号して造進の間、依りて御神体を祝い奉らんがためか、本宮において神鏡を犯取り奉る事、度々に及び神慮測り難し、凡慮を以て、神慮犯し奉るの段、偏に神敵の輩なり

図12　粟田口神明社（現在は日向神社という）

と言っている。そして本来は

> その在所神領たるの時、符を以て別宮として勧請し奉るは、古今の通法なり

として近年は在々所々でほしいままに造立して、千木《ちぎ》鰹木《かつおぎ》など社殿の形式も格式に違っている。

> これ全く敬神にあらず、只厳重之由を示し、兼て諸人参詣の幣物、私の依怙《えこ》を存ずる計《ばか》りなり

と、賽銭目当ての神明勧請が多くあった事情を語っている。

なかでも京都粟田口の神明社は、声聞師《しょうもじ》集団の建立したもので、享徳元年（一四五二）伊勢内宮は、その停廃を朝廷に訴えている。皇大神宮神主たちの訴えを受けた神祇官では解文《げぶみ》によって天裁を請うている（『氏経卿引付』二）。それによると、粟田口神明社の棚守職卜部《うらべ》兼孝《かねすえ》の卜部氏号を停止することを訴えている。その理由は

> 粟田口神明と称するは、公武の御願に非ず、人臣の

勧請に非ず、偏に唱門士等巧みをなし、剰《あまつさ》え彼棚守職と号し威光を都鄙に輝かす、

とあり、唱門士すなわち声聞師が建立して棚守職には卜部氏を頼んだらしい。しかもこのような神明社はあちこちにあったようで、

近代伊勢御垂○(跡)と号し、小社を所々路傍に構うる事、既に繁多なり

とあることによって明らかである。しかし、それを停廃することは、事実上無理であったようで、朝廷支配下の卜部兼孝の放氏を願い出て、神祇官の副官である兄兼種が居りながら、神職の根源を弁えず同心しているのはおかしいと非難した。それ以外には処置の仕様はなかったらしい。この場合は、声聞師集団が自分達の宗教行為を伊勢に仮託するという動きによったことは注目されてよい。前述したように、神明社というものは、在地が伊勢神領の場合には符を下して別宮に勧請するのが古今の通例であるといっている。声聞師ごときが勝手に建立するものではないというのが伊勢神官の主張であり、伊勢神官にとっては権威の低下として受け取る以外の何物でもなかった。これを逆に考えれば、伊勢神領以外の神明社は、多くかかる経緯で違法に作られたもので、現在、津々浦々、村々町々にある神明社は、そのようなものが多いということになる。

瀬田勝哉氏は、この粟田口神明社が日向神社で左京区、東山区、山科区の境にあり、道祖神を祭っていた声聞師たちが勧請したと推定されている。[27] また高松神明、高橋神明の場所と考えあわせ、怨《おん》霊《りょう》鎮魂と当時流行した悪疫退散としての伊勢信仰が合体したものと考えられている。氏は伊勢信仰

の流行を神宮自身が室町殿に接近し、その強力な援助のもとに権力中枢部の信仰をかちとろうとしたのと、洛中洛外に今神明を勧請し、それによりつつ広汎な都市民衆に説いて歩いた民間宗教者たちの活動の並行する動きに注目し、大局的には、これらは相互に補完し影響しあっていたからこそ、信仰の広まりも急速に可能になったと考えておられる。この見解に賛成である。

戦国末期になると、伊勢の内外宮は、朝廷や幕府によって造替できず、声聞師集団の集住地である浦田坂に住む熊野比丘尼《びくに》の勧進力によって造替することができた。すなわち、『慶光院旧記』によると、まず最初は、初代の守悦が、明確なところでは永正三年（一五〇六）、勧進によって御裳濯河の宇治大橋を改築、橋供養を行っている。そのころすでに、守悦上人と呼ばれているから、上人位を得ていたことがわかる。めざましいのは三代清順上人である。天文十八年（一五四九）、宇治大橋を勧進によって造替、同二十年、外宮の造替の勧進を行うことになり、後奈良天皇綸旨によって、「慶光院」の院号を許されて三代を称している。始め、内宮の造替を企てたのであるが、内宮が承諾せず、外宮も、「僧尼ノ取り立てラルベキ事、神非礼を稟けざるの間、然るべからずの由」にて、難行した末に決まったらしい。永禄六年（一五六三）、外宮＝豊受大神宮を造替して、式年遷宮を百二十九年ぶりに果たした清順上人は、伊勢国司北畠氏に交渉して、伊勢近江両国間の関所を撤廃させて参詣の便を図っている。四代周養上人は、天正三年（一五七五）内宮の仮殿遷宮を行い、天正十三年（一五八五）には、内宮・外宮両方の遷宮を果たしている。内外宮の神官たちも、最初は反対したとはいえ、背に腹は換えられず、熊野比丘尼の造替に依存せざるを得なかった(28)。ただし、一紙半銭の勧進もさることながら、三・四代の上人たちは、六角氏・北畠氏をはじめとする戦国大名、信長・秀吉・家康の統一権力などの後援が大きかった。もちろん、初代から、上人号を得ているように、天皇家とも結びついている。したがってのち、慶光院は、伊勢上人の名のもとに、江戸幕府から特別待遇を受け、朱印地百石を与えられて、勧修寺《かじゅうじ》家や一条家から後嗣が入り、貴族化した。

この伊勢上人の例は、宗教の大衆化をうまく組織したものといえよう。天皇家の祖先神と位置づけられ、国家事業で造替されるべきものであった伊勢神宮を、勧進という自発的行為によって組織化して、より普遍的な神に変身せしめたといえよう。ここにおいて、瀬田氏の言われる二つの方向は一つになったといえよう。しかし、それによって声聞師集団の独自性は失われ、伊勢上人が貴族化したことに象徴されるように、上からの動きに自ら吸収されてゆくことになったのである。その運命は声聞師集団が今神明という形で伊勢の権威を担いだ時にきまったといえよう。

（2）　産土神の神功皇后への習合

さて次には、伏見御香宮という伏見荘の鎮守であり、村落共同体の結節点にあった神が、神功皇后《じんぐうこうごう》に変化する過程を見たい。御香宮祭礼については、村人が能楽を奉納したり、風流を行ったりしているあり様が『看聞日記』に詳しく記載されていて有名である（応永二十四年六月二日、同二十八年三月二十四日・二十七日条）。村落共同体の神であるが、祭神は不明で、香水のでる井戸であるといい、現在も名水が出ている。近世の『山州名跡志』では、『延喜式』の御諸《みもろ》神社ののちという。御諸とは御室であり、杜や木のようなものであろう。『看聞日記』には、「御香宮本尊、釈迦像十六善神これあり」（応永二十八年五月七日条）とあって、本尊は釈迦である。伏見宮の著述である『看聞日記』においてさえ、神功皇后という名は、まったく出てこない。『名勝志』以来、御香宮と桂女《かつらめ》との関係がしばしば説かれるが、吉田東伍《とうご》氏の言われたように直接には関係がない。ただし、御香宮には巫女《みこ》がいて、伏見宮貞成親王もたびたび病気などを見てもらっている（『看聞日記』応永二十八年三月三十日・同三十二年五月十日条）。しかし、貞成の記述では、巫女と桂女を区別して書いているから、この巫女は桂女とは違うようである。

神功皇后祭神説が初めて史料にあらわれるのは、管見のところ、文禄元年（一五九二）三月一日豊臣秀吉が朝鮮出兵のため「御功宮」に社参したことが、愚見という人の「義残後覚」というものに「秀吉公御功宮にて御首途の事」として書かれているのが最初であり、巫女を「一はみめよき女房かな」と秀吉が誉めそやした話が書かれている。その他、近世の地誌にも書かれておらず、北村季吟の『兎芸泥赴《つぎねふ》』が、筑前香椎宮から神功皇后の霊を勧請したと書いているのみである。それではなぜ、この御香宮が神功皇后と結びついたのであろうか。御香宮にも「桂女」類似の巫女がいて、安産祈禱を行い、それが神功皇后に習合したという説もある。

さて、豊臣秀吉の尊崇を受けた御香宮は、やがて守護神として伏見城に移され、また、徳川氏によって元の社地にかえり、その保護をうけて現在のような立派な社殿となった。[29] そのもとは神功皇后と朝鮮出兵との結びつきであった。

（3）　神功皇后侍女と桂女の習合

ただし蒙古襲来以後、安産祈禱の神仏の多くが神功皇后に習合したことは、室町期すでに祇園会山鉾巡行の船鉾（神功皇后）が存在したことによってもわかる。

祇園会山鉾巡行を書き上げた「祇園会山ほこの次第」（『八坂神社記録』下「祇園社記」十五）「応仁乱前分」には、

一、しんくくわうくう《(神功皇后)》の舟　　四条と綾小路間

とあって、神功皇后の大船がすでに出ている事がわかる。これは「凱旋船鉾」と言われたもので、江戸時代元治元年（一八六四）の火事で焼けて復興しないものである。

明応九年（一五〇〇）の祇園会再興にあたっての「祇園会山鉾事　応仁一乱之後再興」には、

一綾小路町四条間　　大船
　これハ十四日ニ　わたる
一同南町　　大船

図13　祇園祭船鉾

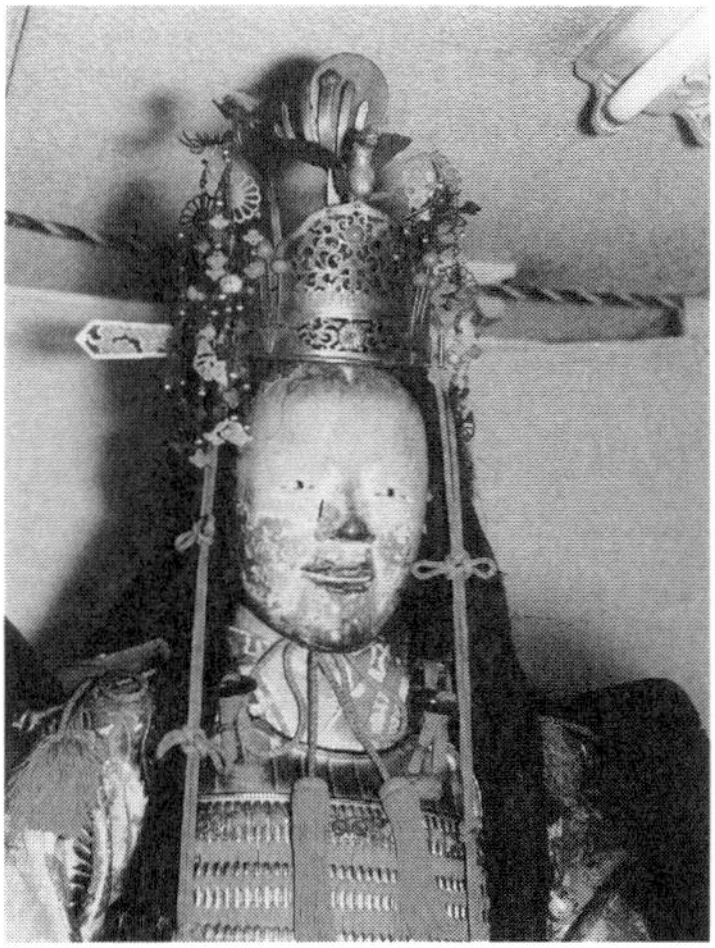

図14　船鉾の神功皇后

とあって、現在残っている船鉾（新町通綾小路下る船鉾町）がすでに記録（『八坂神社記録』）に現れてくる。

これらの船鉾はいずれも安産のお守りを出すことで有名である。新羅《しらぎ》侵攻の神功皇后伝説は、蒙古襲来以後、『八幡愚童訓《はちまんぐどうくん》』などによって人々の注目をあびるにいたった。国粋主義的な風潮のなかでの神功皇后の三韓への侵攻伝説が注目されてくるが、そのなかで、神功皇后がお産を抑えて、新羅に侵攻に赴き、帰ってから応神天皇を産んだという伝説にしたがって、産神としても脚光を浴びるにいたった。各在地にある名もない産神が、神功皇后という皇室祖先神と習合するという現象が顕著になってくる。

船鉾の安産守りがいつごろから始まったかは残念ながらわからないが、民間の産神信仰が、蒙古襲来や神道思想の普及という国家主義的思想の高まりの時流に応じて、皇室祖先神としての神功皇后と習合していったものと考えられる。出産という生老病死という人間の根幹にかかわるものの信仰が、かかる形で皇室祖先神として組織されていくのである。

さて、神功皇后と安産祈禱がもっとも結びついたのは、桂女《かつらめ》（名取壤之助編『桂女資料』）である。桂女は上桂・下桂・鳥羽の里にあって、鮎ずしを売ったり、御陣女郎などといわれ、陣中で戦勝祈願の祈禱をしたり、武将の伽《とぎ》をしたりしたといわれる。住地の桂を「勝浦」とかけて、縁起を祝ったものとおもわれる。また、婚礼・出産に諸家に奉仕して祈禱をしたといわれる。特に徳川幕府には、尾張義直の母、お亀の方が御陣女郎に出た桂姫であったので、お亀の出身地の鳥羽村の桂女は、その縁故から正月ごとに江戸幕府に挨拶に出向くのを常とした。

その実態は中世では桂川の鵜飼で、上桂供御人といわれるものであることは、すでに網野善彦氏の研究にくわしい(30)。平安末期からすでに和歌にも詠まれて、鮎を売る販女であり、遊女であった。宴会の席に芸者を呼ぶようなものであったのが、室町・戦国期には、婚礼や出産の祈禱をする者として、儀礼化する傾向をもってきて、「大諸礼集」には、婚礼や蹴鞠の時などの「桂女」の扱い方を規定している。また、

一、猿楽への礼も、馬上の時は、沓の礼なり、かちのときは、詞の礼たるへし、
一、白拍子・かつら、何もさるかくと同前也、

（中略）

一、かつらに、門道（送カ）なと、すべからず、しらびやうしには、あふぎの礼とて、さいぎはまで有べし、傾城《けいせい》には、すこし座を立、礼あり、

とあって、桂女・白拍子・傾城の扱いには、若干差があるものの、猿楽と同様の宴席の取り持ちと考えられていたことがわかる。しかも、故実《こじつ》を尊ぶことから、諸大名が故実に則って、儀礼を行うので、桂女を呼ぶ風習が全国の大名に風靡したと思われ、甲州の武田家や薩摩の島津家にいたるまで、桂女を呼んでいる。

したがって、伊勢貞丈《いせさだたけ》の『安斎《あんさい》随筆』には、

山城国桂ノ里ニ、桂女ト云女アリ、神功皇后ノ御腹帯ヲ持伝ヘシトテ、将軍家ノ御台処御忌帯ノ時ハ、御守ノ為ニ、右ノ神功皇后ノ御腹帯ヲ、七重ノ箱ニ入、献上之。此者、代々、婦ヲ家ノ主人トシ、夫ハ奴僕トナル。江府ニ来ルニモ、夫ハ麻上下ヲ着シテ、婦ノ従者トナルト云。明和九年壬辰春、願書有テ、江府ニ逗留ス。其願、諸国ノトリアゲ婆ヨリ、運上ヲ出サセ、取度ノ由也、願之通、被仰付ト及聞シ。

とあって、神功皇后の臣下と称して、将軍家御台所はじめ貴顕の妻室の安産祈禱に従事した。桂女が「家」の主人として、夫を入婿の形で迎え、それは奴僕のようで、女系相続をしていた。しかも注目すべきは、諸国の「トリアゲ婆」から運上（営業税）を取りたいと申し出たことである。このことに

ついて、他にそのような史料はなく、その真否は定かではない。しかし、中世では、幕府の御用職人たちが、その奉仕の代償に営業独占権を握り、他の同業者から、運上すなわち営業税を取ることはよくおこなわれたことである。(31)楽座政策後で、株仲間の廃止なども行われる江戸時代では、少し時代錯誤の願い出の感があるが、願い出はあったのかもしれない。このことによって、寿祝的な安産祈禱を一つの業とする桂女が、結局は産婆と同じ機能を担ったことがわかる。寿祝と結びついた産婆というのが、「桂女」のこれまで指摘されていない一側面である。

しかも鳥羽村の桂女は、徳川家康の御陣女郎として従軍した「お亀の方」＝尾張義直の母の由緒をいいたて、お亀に神功皇后の従軍、応神天皇誕生を投影させて、江戸幕府への年頭出賀をして御祝儀に預かっている。すなわち「桂姫由来」という文書にのせる、享保十七壬子年十月日の上鳥羽村のかつら姫と同夫中沢善兵衛の由緒の書き上げでは、上鳥羽村の中沢家が徳川将軍家とお亀を介して結びついた次第が語られている。桂姫は江戸逗留中、六人扶持を貰《もら》ったと記している。そして、上桂村、下桂村の桂女も神功皇后の臣下子孫と称しているが、鳥羽村の桂女とは関係がないと主張し、自分たちの筋目を誇っている。

ここでは、それらの桂女と安産祈禱と神功皇后がいかに結びついたかを考えたい。

その由来については、下桂村桂姫「孫夜叉《まごやしや》」の家、小寺家の天明八年、寛政四年の文書によると、桂姫（勝浦姫）は神功皇后のお産に奉仕し、白旗を帽子として御産に奉仕した吉例によって、由緒を

図15　桂女（『東北院職人尽絵』）と桂包

もち、諸家に御祝儀をしたのだといっている。そして、その桂姫たちの先祖は「伊波多姫」（岩田姫）といったと伝えるものもあり、妊婦の腹帯を岩田帯というのと付会している。

その筋道は、平安時代、桂川水辺の遊漁民の女が鮎ずしの行商に京都にでかけ、源頼政の歌に

かつら女や新枕する夜なよなは　とられし鮎の今よいとられぬ

とあるように、遊女化し、軍陣にも付いていくようになり、また、寿祝も行い、婚礼や安産祈禱や助産婦の仕事を行ううちに、神功皇后と付会していったものと思われる。

桂の地は石清水八幡宮とも近く、その縁故からか、または神功皇后から石清水に関係をつけたか明らかではない。お亀の方は石清水所属の修験者の子とされているが、先述した桂女側の由緒書によれば、お亀も桂女で、家康について従軍したようであり、それを神功皇后の仲哀天皇についての従軍になぞらえ、由緒を主張していることから見て、神功皇后への

付会はそれほど早いものではない。

当初から桂女が神功皇后に結びついたものでなかったことは、孫夜叉《まごやしや》という下桂村の桂女の家の「小寺家文書」に、「御霊宮縁起」があり、橘逸勢《たちばなのはやなり》を祭るとしている点である。そして息女が流罪の土地から、逸勢の遺骨を担いで持ってきて、この地に鎮まったとしている。これは何らかの御霊を祭っていたのが、より有名な逸勢に仮託されたものと考えられる。この御霊信仰は、中世の荒神信仰による託宣の巫女《みこ》的なものから、桂女が出発したことが類推されるものである。

蒙古襲来以後、国家的危機感から『八幡愚童訓』などで、喧伝されるにいたった神功皇后伝説が、一段と秀吉の朝鮮出兵によって、喧伝されるにいたった状況を見ることができよう。桂女もその風潮にのって、自己の由緒を飾り、権威づけを行ったものであろう。『桂女資料』のなかには、神功皇后の御凱陣の時の船唄と称するものがあって、「甲冑師明珍家代々伝所也」とある。

一、神宮皇后、三韓御征伐の時、御船唄　甲冑師明珍家代々伝所也

御凱陣の時唄由

初春や、まつはつ春のきせなかは、雪緋おとしと見えにける。偖又、夏ハ卯の花の、垣根の水ニあふひ皮。秋になりての其の色ハ、紅葉うつろふ錦かハ。冬ハ雪気の空はれて、冑の星も菊の座に、皆花やかに絨しけり。思敵を打糸の、我名をたかくあけまきの、古郷ニ帰り、ニたひ酒もりまいらする。

すでに「桂女資料」の編纂者は、狂言の「鎧腹巻《よろいはらまき》」の中にある小歌との類似を指摘されている。

シテ〽初春のよき緋威《ひおどし》の背長は。皆小桜威なりけり。さてまた夏は卯の花や。垣根の水にあらひ川。秋になりての其の色に。いつも軍に勝色の。紅葉に擬ふ錦川。冬は雪気の空晴れて。冑《かぶと》の星も菊の座も。皆華やかに威毛の。思ふ敵を打糸の、我が名を高く揚巻《あげまき》や。後を敵に見せざれば。これぞ嘉例の御鎧。さて家路に帰りつゝ。大筒酒がひ据ゑ竝べ。一家一族内の人。甑ひ酒盛舞ひ遊び。さて武具は唐櫃や。剣は箱に収むれば。弓は袋を出さずして。国は豊かに民栄え。治まる御代とぞ成りにけり。秘すべし〱。なほこれ口伝あり。

たしかに両者は似ている室町小歌であり、別に神功皇后との関係はない。鎧腹巻に因《ちな》んで、戦勝を祝う祝言の小歌である。明珍家に伝えられたものも頷《うなず》ける。当時流行った凱旋を祝う小歌を、恐らくは桂女が凱旋の時の祝言として、武将の宴席に侍ったり、陣中に召された時に歌い、それを神功皇后伝説に付会したものであろう。そして似たものが、狂言にも入ったものと思われる。

もちろん、神功皇后伝説にもとづいた小歌が作られたこともある。狂言小歌「柴垣」（「庵の梅」）は、

いと物細き御腰に、太刀を佩《は》き、矢を負い、虎豹を踏む御足に、藁ぐつを召されて、くぐれば、がさと鳴り候、賤が柴垣、えせもの。

とあり、これは『閑吟集』にも取られていて、同文である。これが神功皇后のことであるのは、すでに稲田秀雄氏の論考があり、甲冑姿の神功皇后から男装の麗人の小歌にしてしまっている。(32)

このように、蒙古襲来以来、『八幡愚童訓』等によって、国粋主義的思想のなかで、神功皇后伝説が鼓吹されるが、秀吉の朝鮮出兵によって、さらにそれが脚光を浴びる。そのなかで、産神の神功皇后への習合が成立すると考えるのである。

桂女は陣中につきしたがったり、安産祈禱を行ったりする職掌柄、もっとも神功皇后に結びつきやすいものであった。中世の産婆を代表する「桂女」が、神功皇后に結びつくことによって、諸国の産神が神功皇后に結び付く状況が生まれたと考えられる。かくて、民間信仰的な産神信仰が、皇室祖先神としての、そして他国侵略の先駆けとしての神功皇后に習合し、組織されてしまうのである。

（4）　白山比売神社のイザナミの尊《みこと》への習合

次に政治的な権力争いを、有利に展開するために、祭神を皇室祖先神に習合させた例として、白山《はくさん》比売《ひめ》神社の場合を見よう。白山比売神社の縁起としては「白山之記」（『白山史料集』）が、現存史料としては最も古い。それは永享十一年（一四三九）書写のものが残っているが、正応四年（一二九一）、永和四年（一三七八）、応永十六年（一四〇九）と伝写を重ねたものである。その追記には、「白山七社本地垂迹事」とあって、

白山七社本地垂迹事

御位正一位

本　宮　本地十一面観音の垂迹の女神
　　　　御髻御装束唐女の如し
白山第一王子
金剣宮　本地倶利伽羅明王の垂男神、御冠
　　　　上衣を着し銀弓金箭を帯び金作の御大刀をハカセ給う
白山第三姫宮
三　宮　本地千手観音の垂迹の女形
　　　　御装束等、本宮の如し
第二王子
岩本宮　禅師権現、本地々蔵菩薩の垂迹
　　　　僧形
中　宮　本地如意輪の垂迹本宮の如し、但し童形歟、児宮と云々
　　　　但根本ハ如意輪、後ニ三所に祝い奉る
佐羅宮　本地不動明王の垂迹金剣宮の如し
　　　　早松ハ普賢文殊也、二童子ノ本地歟
別　宮　本地十一面、阿弥陀、正観音、三所権現なり
　　　　十一面ハ垂迹の御姿、本宮の如し、阿ミタハ奇眼の老翁なり

とあり、本宮が、「本地十一面観音垂迹女神、御髻御装束唐女の如し」と、唐風の衣冠、髻である。金剣宮は男神、三宮は「本地千手観音垂迹の女神、御装束等本宮の如し」でやはり唐風である。しかも垂迹神の正体については不明であり、縁起全体が仏教的色彩でつづられている。

ところでこれらの神が、「大永神書」(『白山史料集』)といわれる大永七年(一五二七)書写のものになると、皇室祖先神に結び付いてくる。すでに、白山女神、妙理大権現は記紀神話と結び付けられて、黄泉の菊利姫とされていたが、皇室祖先神と結びつくのは、『元亨釈書』あたりから見られる。

図16　白山三社権現画像

さて、「大永神書」のあとがきには、

この一巻

上乗院新宮下河原殿諱道喜、御清書有るべきため、中書の事尊命の間、応に形の如く沙汰せしめて進上し

畢ぬ

大永七季夏四月六日

同皐月中天、彼宮御清書の一巻、これを校し奉り畢ぬ、

墨蹟併せて入木之家風有り、尤も奇妙〻〻なり

五更の老繻　菅　和　長

白山上七社御出現の次第

元正天皇御宇養老丁巳元年六月十八日

一　白山女本地十一面　伊弉冊尊　日天子 釈梵輪王后の形

同御宇同年同月

二　太己貴男男本地阿弥陀　伊弉諾尊　月天子 衣冠正鉄輪王形

不動正法明如来

天帝尺太子輔佐の神也　明星天子

三　別山　本地聖観音　天児根彦天忍穂の命

天照太神御子なり　剣策を帯び俗躰の衣冠を正す

正武天皇御宇　神亀二年乙丑月日　七神大将神也 天忍穂耳太子

過四　金剣宮　本地不動　天津彦〻《アマツヒコ〳〵》火瓊〻杵《ホニニキノ》尊

吾国卌一万八千五百四十二年を治す

中宮本地如意輪観音

五　彦火〻出見命《ヒコホホテミノ》　地神棟梁神王垂迹、本宮の如し 御母木花開耶娘

吾国六十三万七千八百九十三年を治す

円融院御宇　天元五年壬午月日　彦火々出見尊の太子なり、母は豊玉姫
六　佐羅宮　本地不動　彦波瀲武鸕鷀草葺《ヒコナギサタケウカヤフキ》不合命
　　并早松宮本地文殊　　垂迹金剣宮の如し
　　吾国八十三万六千四十二年を治す
　仁明天皇御宇　嘉祥元年戊辰月日
七　岩根宮　本地十一面　御垂迹僧形
　高皇産霊尊《タカミムスヒノミコ》

「白山　女　本地十一面　伊弉冊尊　日天子　釈梵輪王　后形」とあるのを初めとして、以下すべて、伊弉諾尊以下、記紀神話における皇室祖先神と結び付けられている。しかも金剣宮が四番目になり、三宮の千手観音（女神）は消滅してしまっており、二宮、三宮ともに男神になってしまっている。三宮の千手観音がないことから、文明十二年（一四八〇）本宮消滅後、本宮が三宮所在地に移って以後であることを示している。明らかに、永享から大永の間か大永のこの時点で、白山縁起の改訂が行われたことがわかる。

ところでこの「大永神書」であるが、後記にあるように、上乗院新宮、下河原殿道喜（後柏原天皇弟）が、清書をするために、命令をうけて、東坊城（菅原）和長が「中書」をしたというものである。四月中に書いて進上して、五月には宮の清書と校合している。元の下書きがあったのか、なかったの

かはわからない。神名が『神皇正統記』と一致し、治世年数は多少ずれがあるが、これによっている。いずれにしても、東坊城和長のもののみが残っているのである。

それにしても、この「大永神書」の成立の契機は何であろうか。室町・戦国期に入って、白山本宮と中央との結びつきは、足利幕府とのものであった。文明十七年（一四八五）白山惣長吏澄賢《そうちようりちようけん》は上洛して、義政に太刀と銅銭三千疋を贈り、将軍義尚は、天下安全の祈禱を行わせている（『蜷川親元日記』同七月十一日条）。ところがこの大永七年にいたって朝廷との結びつきが初めて史料にあらわれる。すなわち、惣長吏澄祝は上京して禁裏御苑を拝観し、天皇に謁し、後奈良天皇の宸筆短冊十首をもらっている（大永七年六月一日、八月三十日、十一月四日、『御湯殿の上の日記』『言継卿記』）。それには山科言継の尽力に負うところが大きかった。

この惣長吏の動きは、加賀在地の状況について、有利な解決を望む政治工作の色彩が濃い。もともと本宮と金剣宮とは仲が悪く、すでに正中二年（一三二五）に競馬神事をめぐって、双方の神人・衆徒が闘争しており（『白山史料集　白山宮荘厳講中記録』四月五日条）、そこへ一向一揆による対立が拍車をかけた。延徳三年（一四九一）には石川郡河内荘地頭の結城一族が、白山本宮に乱入する事件があった（同延徳三年十月十一日条）。享禄四年（一五三一）には、いわゆる享禄の錯乱一揆がおこり、白山の対立は、本願寺、一向一揆の対立と結び付く。閏五月、藤島超勝寺らの本願寺方の越前牢人と、加賀一家衆寺院が抗争をおこし、七月には本願寺から下間頼盛《しもつまよりもり》が軍勢をひきいて下向、惣長吏澄祝を頼んで白山本宮に陣をおいた（同享禄四年閏五月、七月条）。これに対して金剣宮は一家衆側についており、焼打ちされている。本宮と金剣宮はこの時も対立しており、「大永神書」の上七社に、金剣宮が四番目に放りだされたのは、「大永神書」が本宮側でつくられたからだと思われる。

天文十二年（一五四三）十二月二十四日には、本願寺証如が惣長吏澄辰に命じて、越前平泉寺《へいせんじ》方の牛首・風嵐両村民の造営した白山禅頂の大己貴《おおなむち》社を破却させている（『天文日記』天文十二年十二月二十四日条）。これは大己貴社がその前年大風で転倒したものを牛首・風嵐両村民が造営したものであり、それは杣取権を掌握するためであった。牛首・風嵐両村民の背後には、延徳三年、惣長吏職を望んで乱入した結城一族の結城宗俊がついていた。これは本宮方の尾添村の杣取権を侵害することになり、両者の対立の結果として、惣長吏の社殿の破却となった。惣長吏澄辰は同年十二月には参内して物を献じ（『御湯殿の上の日記』同十二月二十八日条）、翌十三年正月には、山科言継より『花鳥余情』の写本をもらっている（『言継卿記』正月十九日条）ことから見て上京して、朝廷に訴えたらしい。それに対して、結城宗俊は牛首・風嵐両村民に頼まれて幕府に訴えている。天文十三年六月五日には、白山禅頂諸堂杣取は山内荘尾添村の存知するもので、永代相違あるべからずという後奈良天皇綸旨が下っている（『白山史料集』「蜜谷家古文書」一号、後奈良天皇綸旨写）。次いで幕府によって、三問三答の訴陳状がなされて、惣長吏と結城宗俊によって争われた。翌十四年六月二十四日、惣長吏澄辰勝訴の奉行人奉書が出されている（同二号、室町幕府奉行人連署下知状）。

興味深いのは、澄辰出帯の証文として、泰澄記、杣木取寸法注文、往古より長吏進止の旨四郡一行、同じく結城知行分山内惣荘三組連判尾添村杣取の段、が出されている。結城宗俊は、貞観二年之泰澄記、平泉寺連署寺家記録案文、宗俊養父宗弘折紙を出している。どちらの根拠としても泰澄記が出され、双方とも内容が違っていたらしい、奉行人たちの判定では、「然れば、風嵐杣取の儀、貞観の泰澄記に載せるといえども、彼の年号数百年に及ぶの処、墨筆料紙古新の趣、疑いを胎する一に非らざるの上、結城白山造立杣取の事、進止の証跡所見無し、況や牛頸・風嵐においてをや」（同上文書）といっている。結局、結城宗俊の敗訴は、証拠書類の泰澄記が偽書であることと、神社仏閣造立造営願人が神主寺僧に知らしめずして直ぐに造営するのはおかしい。惣長吏に断るべきだという理由になっている。澄辰提出の泰澄記については何も言及されていないが[33]、この泰澄記を澄辰は朝廷にも提出し、綸旨を申請したものであろう。綸旨が幕府裁決に有利に働いたことは疑い無い。

大永以来、惣長吏が天皇に近づいていった意図は、このように在地の勢力関係を有利に運ぶことにあり、すでに本願寺証如と結んでいる以上、当然の路線であった。そのなかでの縁起の改編がなされたのである。

ちなみに、この牛首・風嵐両村民と、尾添村の白山山頂の社殿および杣取権をめぐる争論は江戸時代を通じて争われた。江戸幕府は白山麓十八ヵ村を収公して天領とし、寛保三年（一七四三）には尾添村を退けて、管理権を平泉寺に裁決している（「同蜜谷家所蔵史料」「寛保二年白山大己貴争論江戸公事一件雑記」)。牛首・風嵐両村は平泉寺方であるので、足利幕府の裁判とは逆に、惣長吏・尾添村方は敗訴したのである。惣長吏は続いて朝廷から綸旨などを受けているが、何の役にも立たなかった。

以上、共同体神や地方名神の神格の昇格や皇室祖先神との習合が、現実の在地における政治的対立を有利に導こうとして、戦国乱世のなかで盛行したことを考察した。

注

(1) 大隅和雄「中世神道論の思想史的位置」『中世神道論』日本思想大系19、岩波書店、一九七七年、鎌田東二「日本という身体」『聖なる場所の記憶—日本という身体—』講談社学術文庫、一九九六年、尾藤正英「日本における国民的宗教の成立」『東方学』第七五輯、一九八八年、など。

(2) 黒田俊雄「中世宗教史における神道の位置」『黒田俊雄著作集第四巻　神国思想と専修念仏』法蔵館、一九九五年。

(3) 脇田晴子『日本中世被差別民の研究』岩波書店、二〇〇二年。「中世芸能座の構造と差別」脇田晴子・コルカット・平雅行編『周縁文化と身分差別』思文閣出版、近刊。

(4) 脇田晴子「神能の位置—猿楽能の寿祝性と在地共同体」『芸能史研究』一四四号、一九九九年、のち脇田晴子・アンヌブッシイ編『アイデンティティ・周縁・媒介』吉川弘文館、二〇〇〇年。

(5) すでに観世流謡曲本解説者は、『神皇正統記』を資料として挙げている。すなわち「(クリ)それ天地開闢の昔より、渾鈍未分漸く分れて、清く明らかなるハ天となり、重く濁れるハ地となれり、(サシ)しかれば天に五行の神まします、木火土金水これなり、既に陰陽相分れて木火土の精伊弉諾となり、金水の精凝り固まって伊弉冊とあらわる(下略)」はもっとも正統記と近い。

(6) 日本古典文学大系40『謡曲集』上(岩波書店、一九六〇年)「金札」の解説には観阿弥作詞の可能性を示唆。

（7）『京都市の地名』（日本歴史地名大系、平凡社、一九七九年）。
（8）大隅和雄「中世神道論の思想的位置」前掲注（1）。
（9）兵藤裕己『太平記〈よみ〉の可能性』（講談社選書メチエ、一九九五年）
（10）桜井好郎『神々の変貌』東京大学出版会、一九七六年、および「寺院縁起における在地神祇」『中世日本文化の形成―神話と歴史叙述』東京大学出版会、一九八一年。なお、葛川縁起の成立時期については、水野章二『日本中世の村落と荘園制』「第三章結界と領域支配―近江国葛川の村落―」参照。
（11）天野文雄「替間成立の一側面―道者舞をめぐって」『芸能史研究』七五号、一九八一年。
（12）相良亨『世阿弥の宇宙』ぺりかん社、一九九〇年。
（13）赤瀬信吾『百韻連歌懐紙　曼殊院蔵』解説（京都大学国語国文資料叢書、臨川書店、一九八四年）。
（14）脇田晴子『日本中世商業発達史の研究』「第五章首都市場圏の形成」御茶の水書房、一九六九年。
（15）今中寛司前掲書『日本文化史研究』註一の（27）。
（16）脇田晴子『中世京都と祇園祭』中公新書、一九九九年。
（17）安丸良夫『神々の明治維新』岩波新書、一九七九年。
（18）脇田晴子『日本中世女性史の研究』東京大学出版会、一九九二年。
（19）萩原龍夫『中世祭祀組織の研究　増訂版』「補論第二吉田神道の発展と祭祀組織」吉川弘文館、一九八七年。
（20）萩原氏前掲書「宗源宣旨神道裁許条等授与一覧表その一」。
（21）丸山幸彦「荘園村落における惣有田について」『中世の権力と民衆』創元社、一九七〇年。
（22）新城常三『社寺参詣の社会経済史的研究』塙書房、一九八二年。
（23）萩原氏前掲書。
（24）瀬田勝哉「伊勢の神をめぐる病と信仰―室町初中期の京都を舞台に―」『武蔵大学人文学会雑誌』第一二巻二

号、一九七九年。

(25) 北川忠彦・安田章校注『狂言集』日本古典文学全集、小学館、一九七二年、京都茂山千五郎家の台本を元にしている。

(26) 野々村戒三・安藤常次郎校註『狂言三百番集』下、富山房、一九四二年。

(27) 瀬田氏前掲論文。

(28) 脇田晴子「中世女性の役割分担」『歴史学研究』五四二号、一九八五年、注(18)前掲、脇田『日本中世女性史の研究』所収。

(29) 前掲『京都市の地名』。

(30) 網野善彦「日本おける鵜飼の存在形態―桂女と鵜飼」『日本史研究』一三五号、一九七三年、のち『日本中世の非農業民と天皇』岩波書店、一九八四年、所収。

(31) 脇田晴子『日本中世商業発達史の研究』御茶の水書房、一九六九年。

(32) 稲田秀雄「狂言小舞『柴垣』考―神功皇后との関連を中心に―」『芸能史研究』一一三号、一九九一年。

(33) 浅香年木「泰澄和尚伝試考」『中世北陸の社会と信仰』法政大学出版局、一九八八年、では、この泰澄記（尾添本）が、四丁と一〇丁の二丁が欠落し、天文争論に提出された時に抜きとられたと推定している。

五　「かすみ場」の形成と暦

1　「かすみ場」の誕生

戦国期には戦乱にもかかわらず、社寺参詣が一般民衆をまきこむようになってくる。また社寺参詣のための講のような組織も、近世におけるものの大体の骨格は、すでにできていた。むしろ、戦乱のなかの参詣旅行であるから、集団を組んで、旅行の世話から宿泊先まで提供する御師《おんし》・先達《せんだつ》の講組織が発達したと言える。それは、戦国時代に発達した座権利の寡頭支配による独占権に裏打ちされた商業組織[1]と軌を一にしている。商業組織の発達の結果として、そういう組織ができたと見るべきか。旅行社も商業であるから、宗教に裏付けられた旅行商業と見た方がわかりやすいかもしれない。

参詣旅行の講組織については、新城常三氏をはじめとする先学の研究にくわしいが[2]、ここでは戦国期にどの程度のものが組織されていたか、下村效氏の研究によって見よう。

土佐国津野荘には、伊勢御師の御炊《みかしき》大夫に組織された旦那《だんな》を記した「津野旦那帳」が残されている。旦那は侍衆ばかりでなく、名主、商工業者、漁民、僧侶、散所民など各層にわたっている。そのうち、洲崎という港町では、天正十五年（一五八七）の地検帳による戸数二六四から計算すると、天文五年（一五三六）旦那衆一一七は四割強にあたり、天正十一年（一五八三）一六三は六割の組織率にあたる。他の村々では二割程度の組織率であった。かれらは銭、帯、太布、脇差、など種々の品物を御師に納めて、参詣旅行費の積み立てとし、御師から祓《はら》い、太麻《たいま》や暦、伊勢白粉《おしろい》などをもらっていた(3)。

伊勢御師の場合は、御師が直接、旦那を廻ったのに対して、熊野では御師の支配下にある先達が廻国して、旦那（道者）を引率して参詣旅行をおこなった。このような御師や先達の信者獲得の縄張り形成は、高野山・白山なども積極的であった。管見の所を表にしてあげよう（第4表）。

江戸時代には、立山や羽黒山など修験道の寺々が、「かすみ場」といわれる縄張りを、国々にもっていたことを考えると、その大体の骨格は、戦国期に形成されたといえよう。この「かすみ場(4)」という言葉は、聖護院《しょうごいん》本山派の組織名称とされる。しかし便宜上、ここでは一般に旦那（道者）の縄張りのごとき営業独占権を「かすみ場」と呼ぶことにしたい。

しかもこの御師などの信者縄張り、すなわち「かすみ場」は、財産権化して売買されるようになっていた。例えば、高野山金剛峰寺屏之坊は、旦那であった毛利元就・隆元父子を、安養院に売り渡し、毛利父子は天文二十一年（一五五二）これを認めている（高野山文書）。

このように「かすみ場」は、御師などの勧誘活動によって形成され、かつ利権化されていたが、その権利は、領国大名・国人領主の承認事項であったことに注目しなければならない。

第4表　「かすみ場」などの形成

西暦	年月日	地域	領主	御師	出典
〔内宮御師〕					
1514	永正11. 6.10	下野	宇都宮忠綱	佐八美濃守	内宮神宮家文書
1535	天文 4.10.17	下野栗島郷	宇都宮俊綱	〃	栃木県庁採集文書
〃	〃 11. 3	〃	〃	佐八与次	内宮神宮所持文書
1557	弘治 3.11. 1	下野	壬生綱雄	佐八美濃守	佐八文書
1561	永禄 4.正.22	〃	長尾政景	佐八掃部助	〃
1530	享禄 3.11.13	上総真里谷	武田保信	龍太夫	伊勢古文書集
〔高野山〕				（宿坊）	
1523	大永 3. 3.11	信濃	大井貞隆	一心院・蓮華定院	蓮華定院文書
1527	大永 7. 4.20	〃	海野棟綱	〃　〃	〃
1530	享禄 3. 8.	〃	伴野貞慶	蓮華定院	〃
1530	〃 9.	〃	村上顕胤	〃	〃
1560	永禄 3. 7.12	甲信分国中	武田晴信	成慶院	高野山文書
1552	天文21. 4.18	安芸	毛利元就・隆元	屏之坊→安養院	萩藩閥閲録
1554	天文23.11. 3	分国中	大友義鎮	西生院（宿坊建立募縁）	西生院文書
〔伊勢・熊野先達職〕				（先達）	
1556	弘治 2. 3.5	武蔵上足立郡	太田資正	武蔵大行院	武州文書
1565	永禄 8. 2.20	〃	太田氏資	〃	〃
1572	元亀 3. 6.30	〃　33郷	北条氏繁	〃	〃
〔白山先達職〕				（先達）	
1550	天文19.11. 9	三河	今川義元	三河桜井寺	桜井寺文書
1556	弘治 2.10.24	〃	〃	〃	〃
1550	天文19. 7. 3	駿河・遠江	〃	（慶覚坊）	北畠文書
1551	天文20. 9.11	〃	〃	（駿河大宮浅間社慶学坊）	〃
1555	弘治元. 8. 4	〃	〃	（東専坊）	〃
1557	弘治 3. 4.11	〃	〃	（東専坊―慶覚坊）	〃
〔富士山参詣道者ニ対スル袈裟・円座・木綿ノ商売―山伏・陰陽師ニ停止〕					
1552	天文21. 4.26	駿河	今川義元	駿府浅間社榊太夫	社家大井文書
〔唱門師〕					
1555	弘治元. 2.23 3.21	相模	北条氏康	天十郎	相州文書

〔暦・三　島　暦〕					
1508	永正 5. 3.29	(管　掌)	天　　皇	経師良椿	実隆公記
	10.22	(頒　行)	〃	〃	〃
1539	天文 8. 4. 3	(大内義隆へ)	〃　　綸旨	三島暦	宣教卿記
〔伊　勢　暦〕					
1532	天文元. 5.12	伊　勢	北畠晴具	御師杉大夫	賀茂文書
1534	天文 3.12. 3	〃	〃	〃	〃

例えば、

下野国拝領の内、参詣の輩一家々風其外地下人等、何も其方在所を定宿と
致すべきなり、仍て状件の如し

永正十一年甲戌

六月十日　(宇都宮)藤原忠綱（花押）

伊勢内宮

佐八美濃守殿　（伊勢・佐八文書）

大名は御用商職人によって、領国の商工業を統制したように(5)、特定の御師や先達を保護し、自分はもちろん、領民の参詣、宿泊先を定めてしまった。したがって「かすみ場」の形成は、いわば御師などと大名の合作であり、信仰もまた、大名の統制のもとに編成されたのである。大名が自国の神仏に対しても強力な宗教統制をひいていたことは明らかであるが(6)、領民が他国にまで参詣に出掛ける以上、それを野放しにはせず、統制するのは当然の政策であろう。

第4表のごとく、下野は大体、御師の佐八の縄張りとなっている。前掲の文書のように、宇都宮忠綱以下、のち下野を占領した長尾政景にいたるまで、領民が伊勢参宮の際には、佐八を定宿とするように触れている。単に定宿とする

だけでなく、土佐津野荘に見たように、旦那として積み立てを行い、集団を組んで引率されて参宮したのであるから、ある程度の管理が可能であった。それ故、御師による伊勢参宮には、保護が加えられている。

奥州より白川へ参宮方弐百人、馬七疋、荷物八荷、国中諸関舟渡し相違無く勘過有るべきの由に候なり、仍て件の如し、

永正六

七月十日　　　政盛　花押

所々領主御中

（磐城「八槻文書」大日本史料所引）

第4表では、史料的制約のために、信濃は高野山、三河は白山というようになっているが、そうではない。高野山には全国あらゆる大名と領民の宿坊が定められていたように、各寺社が、各国に「かすみ場」を設定していたと考えられる。したがって、一つの領国に、いくつもの寺社の縄張りが錯綜していて、領民は宗旨に応じて、その寺社に参詣したものと考えられる。

以上のような「かすみ場」の形成は、一般民衆の有名社寺への参詣、普遍的な神仏への信仰を前提として成立し、また、その大衆化ともいうべき傾向を助長した。それは民衆を引き込むような民間信仰との習合によって、親近性を高め、勢力を増大していった。例えば、すでに見たように伊勢信仰は皇室祖先神としての普及ではなく、「治病神」として信仰を集めており、呪術化し、現世利益的な面

が強かった。

そしてこのような有名神信仰の民衆レベルへの拡大は、新城常三氏がいわれるように、民衆の信仰してきた在地神との軋轢を起こした。(7)そのような動きのなかで、前節で見たような共同体地主神の昇格化や、皇室祖先神への習合の動きが現れたと考えられる。

またこれらの動きのなかで、寺社の本末関係も整備されていく傾向にあった。単に伊勢に収斂されるのみならず、どの寺社の本末関係に組み込まれたとしても、天皇が僧綱制や、神官任命権を掌握しているかぎりその整備が、天皇を頂点とする宗教編成の一環に組み込まれたことに結果せざるを得なかった。

かかる社寺参詣の盛行と軌を一にするものに、暦《こよみ》の普及がある。すでに述べたように、伊勢暦は伊勢御師が諸国へ土産に持ち歩く品物であったから、この時期、暦の普及度は相当進行した。

2　暦の普及

暦については、律令制以来、天皇—朝廷の陰陽《おんみようりよう》寮や宮廷陰陽師の土御門《つちみかど》氏・賀茂《かも》氏の管掌するものであったが、室町・戦国期になると、摺暦《すりごよみ》の普及によって、宮廷陰陽師の支配下に市販のための暦座が成立し、広く販売されるにいたった。(8)京都では、三島摺暦頒行の権利をめぐって、明応九年

（一五〇〇）以来、経師の間で争論があり、宮廷陰陽師の賀茂在通《あきみち》の進退（『実隆公記』同十月十日、室町幕府奉行人奉書案）にも響いたが、文亀三年（一五〇三）には、勅免があり、在通子在康《ありやす》は叙爵し、暦道勘文と暦の調進を命じられている。また、永正五年（一五〇八）には、経師《きょうじ》の良椿《りょうちん》に三島摺暦の権益が保証されている（『実隆公記』六月二十六日・二十七日条）。また、永正五年（一五〇八）には、三島摺暦の頒行を許されている（『実隆公記』四月二十三日・二十七日・二十九日条）。さらに天文八年（一五四〇）にはこのことについて大内義隆あての綸旨が下っているから（『宣教卿記』）、三島摺暦の売買について、諸国での営業特権をみとめるように要請がなされたと見ることができるが、これをもって直ちに、天皇支配下の京都の宮廷陰陽師―経師の製造・販売する暦が全国にゆきわたったということはできない。

一方で伊勢暦が存在したことはすでに述べた。伊勢国司の北畠晴具《はるとも》は、大神宮御師の杉大夫を「暦博士」として、暦販売を独占させ、他国の陰陽師が商売したり、他国の暦を届けなく販売することを禁じた（「賀茂文書」）。大名の商工業統制や「かすみ場」と同じく御用商人による領国統制である。しかしながらすでに述べたように、「伊勢暦」は、御師の諸国旦那への土産に持ち歩く品物であるから、この伊勢暦が諸国に分布する可能性はあったわけである。

さらに暦には、奈良暦があり、その販売系統がわかって貴重である。大和の「五ケ所」の声聞師《しょうもじ》は、

五ケ所唱門　西坂・木辻以下他領等にこれあり、

奈良中横行子細同前、暦新座・本座これあり、　（『三箇院家抄』一）

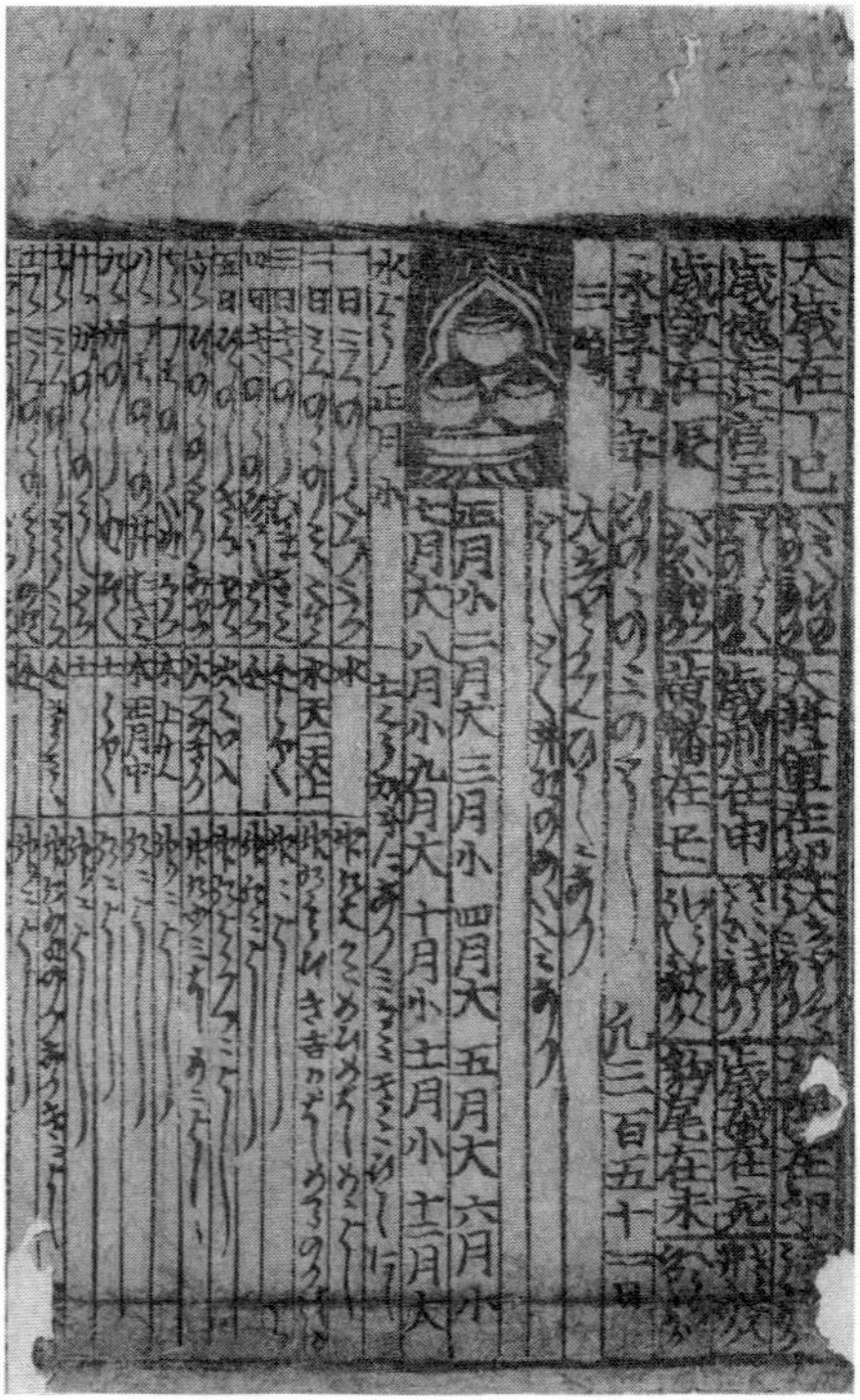

図 17　永享九年三島暦版暦

とあるごとく、「暦本座」「暦新座」を結成して、暦の販売に携わっていたのである。これは暦道を司った賀茂氏（勘解由小路家）が、奈良に移り、幸徳井と改めて、卜筮《ぼくぜい》と奈良暦を業としたが、声聞師が、その支配下に入り、卜筮と暦の販売を受け持つことになったものであろう。盛田嘉徳氏は、声聞師の主流はもともと、金口（金鼓打ち）であったのが、文明ごろには、その位置を交替して、陰陽師が中心になり、声聞師と言えば第一に、陰陽師がいわれるようになったとされ、宮廷陰陽師の没落による散所陰陽師の成立説を否定されたが(9)賛成である。

したがって、宮廷陰陽師—経師による暦の制作は、摺暦の普及によって一般の需要の増大とともに、宮廷陰陽師の支配下に、摺暦の頒布にたずさわったり、卜筮・予祝などを行う声聞師（散所非人）を多量に成立させるにいたるのである。すなわち、一般民衆における生活水準の向上、知識の増加、商品経済の浸透などが、暦の普及と需要を増大させることが前提となっている。

ただしこれらの暦は、三島暦、伊勢暦、奈良暦のように、それぞれ独立していて、その権益を保証する権力は、三島暦は朝廷＝幕府、伊勢暦は北畠氏、奈良暦は興福寺というように、領国統治者によっている。もちろんその他にも地方暦として、伊豆の三島摺暦、武蔵の大宮暦、陸奥の会津暦などがあり、暦も分権的な様相を呈している。応仁二年には暦奏がなく、奈良暦と京都暦で閏月がちがい、当時、都鄙の暦に異同があること（『大乗院日記目録』『碧山日録』）が指摘されている。この異同がそのまま拡大すれば、分権化する可能性もある。足利義満が明帝国から日本国王に任命された時、まず大統暦がもたらされている（『福照院関白記』応永九年十月一日条）。しかし、明帝国の冊封体制に組み込まれることに批判的な朝廷貴族層のなかで、朝貢を強行した義満にとっては、軋礫のもととなる暦などはもちだせなかったに違いない。足利幕府は度量衡さえ統一できなかった弱体さであるから。

各地域で異なった度量衡は織豊徳の統一権力の成立にともなって統一されていった。暦もなぜ、統一権力のもとで統一されなかったか。統一権力が中国から新しい暦を輸入して統一すれば可能であったかも知れない。しかし、統一権力は暦を含む宗教・文化においては既成の伝統的権威に服従して、新しい権威を作り得なかったことが[11]、暦を統一できないことにも関わるであろう。八六二年に宣明暦を採用して以来、渋川春海の貞享暦まで八百年も改暦が無かった。江戸時代の初めには、冬至の日付が二日も遅れたという[12]。

暦を保証した権力は領国統治者とはいいながら、多くは寺社関係であり、摺暦のもととなる暦草は、もともと宮廷陰陽師の知識によったものであった。その暦や宮廷陰陽師は、天皇・朝廷の管轄したものであったから、天皇―宮廷陰陽師―散所陰陽師が結び付く基盤はここにあり、すぐれてこの戦国期的現象であった。京都において、土御門家が散所陰陽師を管掌していく経緯もかかるところに求められるのである。決して、散所陰陽師が古代から朝廷に付属していた宮廷陰陽師の没落によるものではなく、天皇と被差別民が原初から結びついていたわけではない。暦の商品化による普及とその販売に従事する散所陰陽師の増加は、すぐれて戦国期的現象であった。その契機はおそらく、暦座などの商工業者が宮廷陰陽師と結びつき、さらに販路の拡大のために、声聞師―散所陰陽師を配下に繰り込んだものと思われる。この三者のどこに主導権があったかはわからないが、民間における暦の普及という現象をうまく組織して、営業独占権のピラミッドを作ったのである。その頂点に宮廷陰陽師が存在する以上、その上に有形無形に、天皇の存在が認識されるようになったことはいうまでもない。

注

(1) 脇田晴子『日本中世商業発達史の研究』御茶の水書房、一九六九年。

(2) 新城常三『社寺参詣の社会経済史的研究』塙書房、一九八二年。
(3) 下村效『戦国・織豊期の社会と文化』「第二章戦国・織豊期の都市・村落と交易」吉川弘文館、一九八二年。
(4) 森毅『修験道霞職の史的研究』名著出版、一九八九年。
(5) 豊田武『中世日本商業史の研究』岩波書店、一九四四年、脇田前掲『日本中世商業発達史の研究』。
(6) 井上寛司「中世諸国一宮制と地域支配権力」『日本史研究』三〇八号、一九八八年。
(7) 新城氏前掲『社寺参詣の社会経済史的研究』。
(8) 桃裕行「暦」『日本古文書学講座三』雄山閣出版、一九七九年。
(9) 盛田嘉徳『中世賤民と雑芸能の研究』「金口考　声聞師の源流」雄山閣出版、一九七四年。
(10) 桃氏前掲論文および『暦法の研究』下、思文閣出版、一九九〇年。ただし、京都の三島暦といわれるものと、伊豆のそれとの区別は定かではない。
(11) 姜亢『看羊録』(朴鐘鳴訳注、平凡社東洋文庫、一九八四年)によれば、秀吉は昭高院興意法親王(方広寺別当)に六十六州の諸山の僧侶を統括させていたという。事実であれば新しい統制である。
(12) 中山茂「中国系天文暦学の伝統と渋川春海」『近世科学思想』下、日本思想大系63、岩波書店、一九七一年。

六　貴賤都鄙融合の文化と公家の主導性

1　猿楽能の普及

二条河原落書に、「在々所々の歌連歌」とうたわれた連歌や、村や町の鎮守の祭礼など庶民信仰の場で上演された能楽や能狂言など、民衆の生活に密着した文化が、南北朝・室町・戦国期に発達することは、今更いうまでもない。これらの文化は、旅の連歌師に象徴されるように、都と地方を結び、貴族と庶民をつないだ。能楽がそうであったように、都の文化を各地にもたらし、各地の文化を都に紹介する中継の役割を果たした。また、民衆の信仰や娯楽の場で演じられる様々な芸能を「そとまなう(学)でおん目にかけ候ふべし」と、公武の貴族に紹介し、『源氏物語』などの王朝幽玄の世界を民衆に伝える役割を担った。その意味で、この時代初めて、老若男女貴賤都鄙が融合・一体化した文化が形成されたといえるのであり、現在、伝統文化といわれているものは、この時代に形成されたものが多い。

しかしながら、この文化の融合・一体化の過程が、貴族文化の主導のもとに進行したことも事実であった。庶民芸能から出発して、その担い手も声聞師《しょうもじ》（散所非人）といわれる人々によって作られていった猿楽能、能狂言においても、このような傾向を強くもっていた。被差別民を担い手として、庶民の愛好する民間祭礼の芸能として発展した能楽が、公家文化によって修飾されて、公武の貴族の賞玩するものとなっていったという上昇転化の過程は、うら返して言えば、中世の文化の持つダイナミズムを示すものであった。

図18　能楽「井筒」（鬘物）　浦田保利師
井戸をのぞいてそれに写る自分の姿を見て業平を偲ぶ.

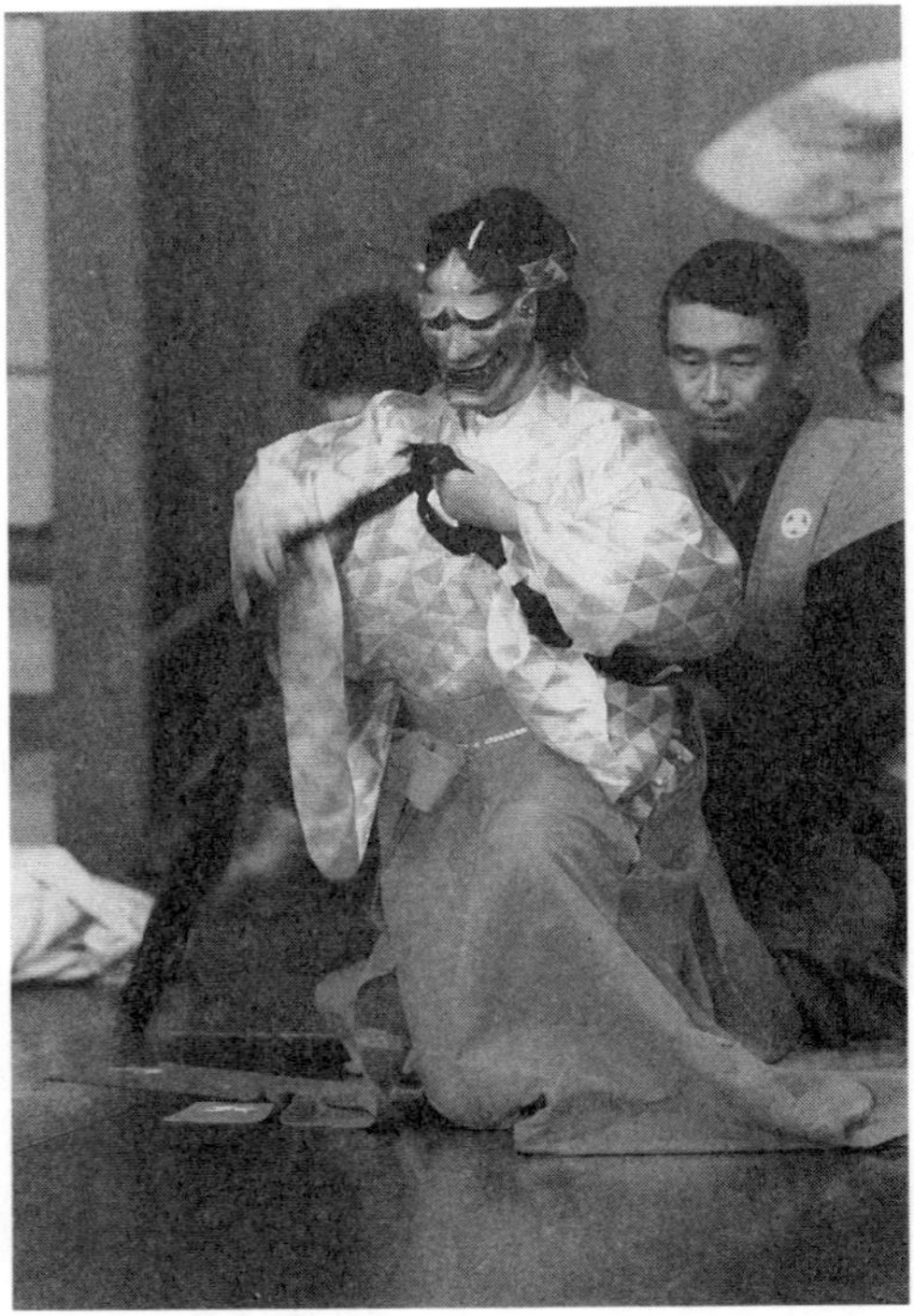

図19　能楽「葵上」
『源氏物語』の能楽化，六条御息所．

しかし意外に思うのは、能楽が足利義満の保護の下に、宮廷文化からの独自性を主張する要望を担って、後には「武家の式楽」といわれるように、武家文化的なものとして発展しながら、その特質が公家文化的な色彩を持っていることである。

世阿弥の主張する「幽玄」の根幹である鬘《かずら》物（三番目物）は、『伊勢物語』『源氏物語』などに題材を得た王朝物の唯美的な世界であり、武将を主人公とする修羅《しゅら》物は、『平家物語』『源平盛衰記』の世

図20　能楽「清経」（修羅物）　浦田保浩・保親師

界であって、武将の多くは地獄の修羅の苦患のなかに苦しむことになっている。

「鉢木《はちのき》」の北条時頼など若干を除いて、幕府・将軍が出てこない。悲劇の主人公として出てこないのは当然であるが、天下・国家を統治するものとしても出てこない。それは『御伽草紙《おとぎぞうし》』の「物ぐさ太郎」などにも見られる図式である。地頭は出てくるが、それ以上の権力者は、公家と天皇であるのは同じ構図である。そして神仏の守る神国という祝言が相変わらず付け加わる。

それは話の原型や枠組みが、京都や畿内でできたということに関係があるかもしれない。それとともに考えられるのは、能楽の作詞者も、『御伽草紙』の作者も、三条西実隆《さんじようにしさねたか》を例として後に述べるように、公家貴族か、またはその周辺にあるということである。それはすでに、観阿弥作曲の

「淡路」「金札」で見たように、その骨子は公家貴族か神官・僧侶によって作られたのである。もちろん、世阿弥のように、能楽師自らが作曲したものも多かったであろう。世阿弥著の『三道』は作能の根本を説いているから能楽師が作詞すなわち作能する場合も多い。『五音《ごおん》』には、亡父（観阿弥）作書として、「白髭曲舞《しらひげくせまい》」「由良湊節曲舞」を、私（世阿弥）作書として「善光寺（柏崎カ）」「百万」の節曲舞を、山本作書として「地獄節曲舞」、琳阿（玉琳）作書として「海道下」「西国下」などの曲舞をあげている。しかし、世阿弥に典型的に見られるように、その文化基盤が公家文化の素養の上にあったことは否めない。

以上のように、芸術的昇華の過程が貴族主導と、担い手たる世阿弥を代表とする猿楽師の上昇転化によったことは、その貴族文化が、二条良基《よしもと》、一条兼良《かねら》、三条西実隆のように、天皇中心主義のものであることが、その傾向を決定した。世阿弥の作った神能が、「弓八幡」のように、将軍の武威によって天皇の御世が栄え、神が寿《ことほ》ぐ、それによって天下の泰平がもたらされるというものであることはすでに述べた(1)。能楽が担った文化の融合性が、それを民衆レベルにまで普及させる役割を担ったのである。

ただし、一方で能楽に反体制的なものや、被差別民的な立場のものが多いのも、よくいわれるところである。例えば「藤戸」は源平合戦において、佐々木盛綱が藤戸の馬で渡せる浅瀬を教えてもらって功名を遂げたにもかかわらず、その恩人の漁師を殺したという話が脚色され、武士の冷酷非道がテ

図21　能楽「望月」獅子舞　田中昌二郎氏

ーマになっている。それは恐らく、猿楽能が武家の庇護によりながら、すでに述べたように、公家貴族の文化・教養の中で育って行ったことによるであろう。世阿弥がそうであったように、猿楽能全体がその色彩を色濃く持ったのである。狂言「靭猿《うつぼざる》」では、大名の横暴は極まって、芸をする猿を殺して靭に張ろうと言う。しかし、猿曳きの人情と猿の芸に負けて、許すばかりか、一緒に踊りだすというものである。武力を持っているものの強さ、横暴さを余すところ無く描き、なおかつ人情や芸の力が勝つとした点、当時よく上演できたものだと思われる。これは、能狂言の本来的にもつ庶民的な風刺性として解釈できるが、このように、武力のもつ効果・意義を相対化できたことの背景には、片方に存在して文化的に優位を保つ公家文化の存在を抜きにして語れないものであろ

図22　能楽「班女」（狂女物）

う。

また、「善知鳥《うとう》」「阿漕《あこぎ》」「鵜飼《うかい》」など、殺生禁断思想によって地獄に沈むとされた狩人、漁師や、「田村」に出てくる清水寺の清目《きよめ》の童子（坂非人）、放下《ほうか》・放下僧といわれた雑芸人や説教僧を描いた「花月」「放下僧」「自然居士《じねんこじ》」「東岸居士」、獅子舞・ごぜ・八撥の芸を披露する「望月」など。声聞師・非人を主人公とするものが多いのは、彼らの出自からして当然であるし、庶民文化をもともと彼らが担っていた以上、その世界が基盤であったともいえよう。また、「狂女物」といわれる恋や、子

図23　能楽「白髭」の替間「白髭道者」　茂山千作師他

供を失って物狂《ものぐるい》となる女を描くものは、市井の悩みに浮き沈みする女の悩みを見事に表現しているのである。しかし、直接の支配者たる武家権力に対して、公家文化と結ぶことによって、相対的な自己の存立基盤を持つことができたのであろう。能楽作成については、芸術性において高い作品を書き、他座に勝つことを、世阿弥が常に説いたところである（「風姿花伝第三問答条々」）。

しかし一方で、猿楽座が諸国を巡業して、神社の祭礼などに、法楽として上演される場合が多いことによって、神仏の徳をたたえ、神仏がその姿を現して、国土安全長久を守るといった作品が多いことも否めない。すでに述べたように、神能物（脇能物）では、縁起を語るクセを中心として構成されるものが典型的である。

またそれらの能が、寺社造営の勧進活動に関わるものが多かったことも、その一因であろう。例えば「白髭」は、曲舞節を取り入れて観阿弥が成功したといわれる「クセ」を中心として、白髭明神の神徳を説くものである。これには「白髭道者」(和泉流では「勧進聖」)という替間《かえあい》(間狂言の特殊演出)があって、慶長八年の造替時に作られたことが、作品論からいわれている。(2)これは清水寺に詣でるため琵琶湖を船で行く道者(参詣客)に、白髭社の勧進聖《かんじんひじり》が勧進を勧め、応じないと白髭明神の使霊の鮒を招き寄せるといった奇跡を見せて勧進に成功するという筋である。これは間狂言であり、いかにも勧進を勧めるといった露骨な筋立てである。能楽はそれほどではないにしても、その目的で作られたと考えられるものは多い。前掲の「淡路」「金札」などは、恐らくそのような社殿の造替などの勧進のために作られた気配が濃厚である。伊勢神道、のちには吉田神道の影響を受けた公家貴族、神官などによるものであろう。

2　在々所々の歌連歌

寄合の文芸と言われるように、複数の作者が集まってひとつの作品を作っていく連歌が、熱狂的に流行したのは、それが一種の賭博であったからだ。(3)建武式目第二条には茶寄合・連歌の莫大な賭を戒めている。

一、群飲佚遊を制せらるべき事

格条の如きは、厳制殊に重し、あまつさえ好女の色に耽り、博奕の業に及ぶ、この外また、或いは茶寄合と号し、或いは連歌会と称し、莫太の賭に及ぶ、その費勝計し難き者か。

と戒めている。

その連歌の庶民性は二条河原落書に、

在々所々の歌連歌、点者にならぬ人ぞなき

とからかわれたように、畿内近郷では、村や町では日常的に行われたのである。能狂言にも、あなたこなたの連歌会のおびただしく開かれるありさまを伝えている。もっとも狂言では、それに凝ってほっつきあるくぐうたら亭主の登場になる。狂言「箕被《みかづき》」では、連歌会に泊まり歩いて家に帰らぬ亭主に愛想を尽かした妻女が、もう我慢が出来ぬといって、家を出て行こうとする。手切れのしるしにもらった箕を被って行こうとすると、懲りない亭主は、連歌で呼びかけて、

いまだ見ぬ二十日の宵の三日月は

と箕被＝三日月とかけて詠むと、妻は

アラ軽忽《きようこつ》や、人に歌を詠うでかけられ、返歌を致さねば、後の世に口無い虫に生まるると申すによって、立ち戻って脇を致そうと思いまする。

図24　狂言「箕被」　茂山千之丞師

今宵ぞいづる身こそつらけれ

と返歌をしたので、夫は喜び、夫婦は仲直りするという筋である。「歌の徳」の連歌版のような話である。連歌の人気に乗った狂言かと思われる。

したがって、連歌や和歌というものが、一般民衆にまで普及し、一揆を起こした馬借までが詠むという事態となった。「馬借トヤ辞世歌」(『多聞院日記』天正十二年十月十六日条『中世政治社会思想』下) 茶六とトヤというものが、馬借一揆の張本として捕らえられて生害させられたが、そのうちのトヤというものが、末期に

メコトモヨ跡テ湯水ヲタムクルナヨ

茶六トツレテ道ヲ行ナリ

メコトモヨアトニヲイメ (負目) ハヨモアラジ

馬借トツレテ我ハ行ナリ

と詠んだという。「惣シテ歌モシラヌ者也シカ」多

聞院英俊は感嘆して記している。

また連歌好きの女房が奈良より上京して、将軍義教と連歌を読みあったという挿話まであった（『看聞日記』）。

この連歌を和歌と同じく貴族芸術にしたのが、二条良基であった。その後、公家文化の優位性が強かったことは、一条兼良と、連歌師宗祇《そうぎ》の関係において明らかである。狂言にいわれる「あなたこなたのおびただしい連歌会」は知らず、国人の主催する連歌会に、宗祇・宗長などの連歌師、時には三条西実隆のような公家までが出席し、連歌の指導はもちろん、領主・大名などの仲介、公家貴族・武士領主の仲介に立ち働いているのは、鶴崎裕雄氏の研究に詳しい(4)。また、国人領主出身の歌人として、東常縁《とうのつねより》が著名であり、これまた文化に弱い美濃国守護代斎藤妙椿《みようちん》が、彼の歌才を敬して占領した美濃郡上《ぐじよう》城を返還したといわれるが、それは常縁が古今伝授を受けていたことに評価があったのである(5)。

問題は、国人連歌と公家貴族連歌の間に、断絶・対立がなく、圧倒的に公家貴族主導の文化体系になってしまったことである。また、能狂言に出てくるような「あなたこなたの連歌会」が、独自性や文化的優位性を発揮するという事態があったとは、残念にして思えない。前述のように、一揆の張本となって死罪になった馬借までが連歌を読む、連歌好きの女房が将軍の御前まで出て来るというまでになりながら、公家貴族主導の体系の枠内に組み込まれて、広く深く浸透していくという特質をもっ

図25　飯尾宗祇画像

たことである。

ここでは民間から出てきた連歌師の宗祇や、その弟子の宗長が、いかに一条兼良や三条西実隆などの公卿貴族と関係を持ち、一方で戦国諸大名のところを歴遊して、両者をつなげて、文化的に組織していったかを見てゆきたい。

宗祇は猿楽法師の子と伝えられるが、出自は明らかではなく、本人も言及しなかったようである(6)。『雅久《まさひさ》宿禰《すくね》記《き》』には「乞食僧」と書かれており、四十歳ぐらいまでの伝記は不明である。文明三年（一四七一）、五十一歳のとき伊豆の国に在陣していた東常縁より『古今集』の講釈を受け、同九年、最終の面授口伝を美濃国において受けている。その前後、宗祇は関東に下向しており、応仁二年（一

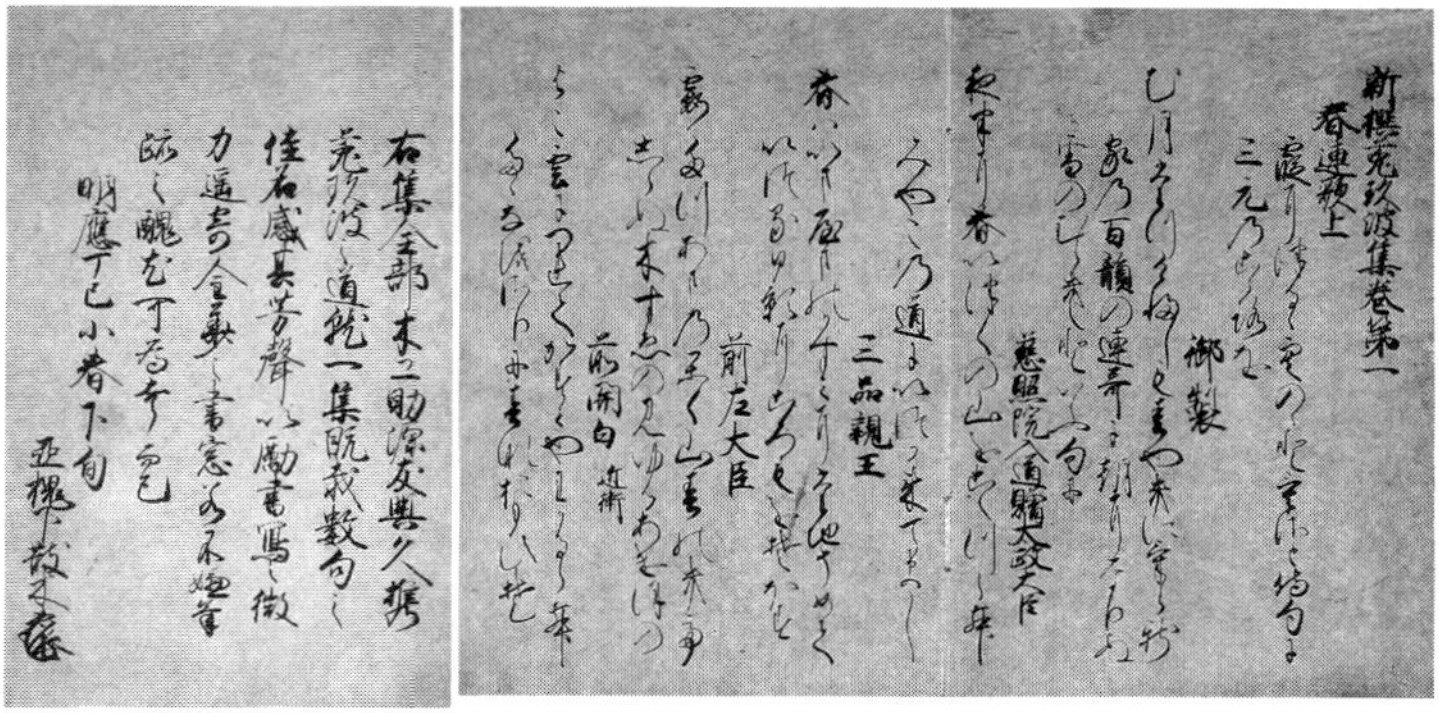

図26　『新撰菟玖波集』（三条西実隆書写本）

四六八）には「白河紀行」を著している。その後、文明二年には、武蔵の太田道真《どうしん》などの「河越千句」に名をつらねており、江戸・遠江を経て、美濃国革手城の斎藤妙椿のもとでの「美濃千句」に加わっている。文明五年奈良に、一条兼良を訪ねて、銭五百疋を送っている。そしてこの年中に、花御所近くに「種玉庵」を構えている。

文明十二年（一四八〇）には、大内氏の招きで山口に下り、大内氏はもちろん、守護代はじめ家臣たちと分国の周防・長門・筑前など諸所で連歌会を開いている。山口には長享三年（一四八九）再度下っている。その他、越前の朝倉氏、越後の上杉氏などへはたびたび訪ねて、中央との仲介などを行っている。最後の旅も、越後にあり、病気にもかかわらず上杉氏のもとより出発、川越・江戸を越えて、箱根路を湯本に出て、そこで死去している。行く先は駿河の今川氏親を尋ねる途中であったという。

三条西実隆との交誼は格別で、一条兼良亡き後、公卿への働きかけはもっぱら、実隆を中心としていた感がある。そのもっとも顕著な例は、『新撰菟玖波《つくば》集』の編纂である。準勅撰として、初めての連歌集の編纂は、連歌の地位を決定的に高める効果を持った。後で、入選歌の数を巡って熾烈な争いが起こるほど権威を高めた。また、元服式や家督相続の儀礼の一つとして、連歌会が行われるほど、連歌に親しんでいた諸国大名やその家臣団を統合して、天皇家の文化的権威のもとに包含する政治的役割を果たした。

この企画は、大内政弘の発議により朝廷の認可を経て、一条冬良、三条西実隆の監督の下に、選者としては、宗祇を筆頭に、猪苗代兼載《いなわしろけんさい》、牡丹花肖柏《ぼたんかしょうはく》などを中心として、巻頭を御製として全二十巻としたものである。詳しくは実隆との関係に触れて、第七章で後述するので、ここでは簡単にとどめたいが、この『新撰菟玖波集』の選集が、実質的には、宗祇の発議と主導性で行われたのはいうまでもない。したがって、宗祇と兼載との間で、パトロンの大名の入選の歌数をめぐって争いが起きるのである。

それはともかくとして、宗祇をはじめとする連歌師たちの都と地方諸国を結びつける媒介者的な役割は見事に成功したのである。しかも天皇のもとでの統合による文化的編成を行い、ピラミッドを築いたといえよう。

宗祇による文化編成といえるものには、もう一つ、『源氏物語』の隆盛を招いたことがあげられる。これも後述するので、ここでは問題の整理のみに止めたいが、必ずしも流行っているとは言いがたかった『源氏物語』を、実隆に説きつけて、公家たちとともに研究会を開かせ、諸国大名が競って、実隆の写本や天皇の題箋のあるものを買い求めるようになったのは、宗祇の働きかけであった。

戦国時代に『源氏物語』が流行するのは、この物語が好色と政治性に富み、後ろ盾の弱い皇子のサクセス・ストーリーだからである。姦通によってできたわが子が帝位に着く事によって出世する物語は、世襲制による「家」の主である大名たちにとって、最も関心のあることだったのである。それは現代も相も変わらず「お家騒動ドラマ」の繁盛と軌を一にしている。悪家老が殿の側室に生ませた我が子を殿の後嗣につけ、権力を握るのと話の筋としては変わらない。違うのは優雅さとその罪意識が文学としての香味を示す点である。『源氏物語』はその上、大名たちにとっての終着点である都の宮廷儀礼のマニュアルにもなった。(7)かかる形で宗祇は文化の中央集権制を形成する歯車の一つとして動いていたのである。それは他の連歌師にもいえることであろう。

3　三条西実隆の文芸活動

一条兼良亡き後、当代一流の学者とされ、近代研究においては、わが国文人の代表(8)とされる三条西実隆に焦点を当てて当時の文化活動のあり方について考えてみよう。実隆は能楽「狭衣《さごろも》」の作詞も行い、また、宝生の新作の能楽「空蟬《うつせみ》」の添削をしたりしている。宗祇・宗長などの連歌師とも密接な交渉を持った。大内氏をはじめとする守護大名にはもちろん、朝廷・幕府の政治関係からの交際からであるが、一方で、国人領主たちや今川氏などとは、連歌師を媒介とする広範な交渉があった。

それは生活に困っていた公卿たちの予備収入であるが、同時に宮廷文化の地方伝播の大きな役割を果たしたことは否めない。

実隆の仕事としては、『伊勢物語』『源氏物語』、和歌など、古典文学に関することはもちろん、連歌の指導、勧進帳・社寺縁起の草案作成・清書など多岐にわたっている。例えば、大隅の禰寝尊重《ねじめたかしげ》に和歌の合点をしてやり、肥後の鹿子木親員《かのこぎちかかず》に『源氏物語』を売却、常陸の江戸入道直純の連歌会に出席、猪苗代兼純弟の岩城長珊法師の連歌の合点をするといった調子である。また、近江の国人領主、永原氏の連歌会に出席して、一五貫文の謝礼を得るなどしている。古今伝授に表明される文学の家元的な位置にあった。今、実隆の地方の武士との交渉を日記から拾い出したのが、第5表である。あまりに多いので初出年代にとどめた。

北は奥州から南は薩摩・大隅まで、文字通り全国にわたっている。交渉の主題は、有職故実《ゆうそくこじつ》、和歌の添削・合点、『伊勢物語』『源氏物語』『古今集』『土佐日記』などの書写・注釈、宸筆《しんぴつ》源氏物語などの仲介、連歌会出席、揮毫等などである。仲介者は宗祇を筆頭とする宗長、宗碩《そうせき》などの連歌師、琵琶法師理一検校《けんぎょう》、細川高国を筆頭とする武士などである。

彼が直接、接触したのは国人領主クラス以上にかぎられるとはいえ、連歌、能楽、勧進帳、縁起の類は、一般民衆との接点を示すものである。連歌、能楽についてはすでに見たので、勧進帳、縁起の執筆について見よう（第6表参照）。

戦国の動乱によって、寺社の多くは焼失・荒廃したが、一方でこの時期に数多くの寺社が再建されたり新しく造営された。以前より立派になったものや、すでにのべたように、共同体の産土神《うぶすながみ》が神格を昇格させて、装いを新たにしたものも多かった。それらの寺社の建立には、勧進による場合が多いが、まず、縁起の作成費用を勧進によって作り、新たな神話を創作してそれに基づく詞章を作成、絵をそえて縁起絵巻を完成、その縁起絵の絵解《えとき》によって、寺社の堂社建立の勧進もスムースにさせるという場合が多かった。少し実隆から離れるが、例えば、摂津箕面《みのお》の勝尾寺《かつおじ》は寛元元年（一二四三）、京都四条高倉の釈迦堂や二条東洞院の地蔵堂で薬師や観音の出開帳による勧進をおこない、二〇〇貫文の収益を挙げ、本堂等の再建費用としている。この勧進に先立って、四巻の縁起絵巻を安居院《あぐい》に依頼して十余貫文で製作している[9]。前述の能楽、狂言などの作成、神格の天皇による昇格などと共に一連の事業になっていた感がある。

さて実隆にかえろう。すでに二十歳の若年から天皇の命で小絵小詞を草したりしていた実隆は、文明十九年（一四八七）星光寺縁起絵詞の中書を行っている。正月二十七日条に、

　星光寺、屋根葺地蔵縁起絵詞と号す、□□の仰せに依り中書の御沙汰これを進め了んぬ

とあって二月二十九日条には

第5表　三条西実隆の文化交流（年代は初出の時である）

奥州	猪苗代兼純（源氏指導、金一両、大永3年）兼純弟岩城長珊法師（連歌合点、天文2年）
常陸	江戸入道直純（飛鳥井栄雅仲介、連歌会、延徳元年）江戸蓮阿（天文2年）
下野	小山政長（連歌付金一両、大永8年）日光山高井兵部大輔（愚問賢注奥書、天文2年）芳純（琵琶法師理一検校仲介、天文2年）
武蔵	三田弾正（道明朝臣集奥書金一両、天文2年）
関東	長尾顕忠（詠草合点、永正2年）宇都宮僧正松西堂（大永3年）太田資定（四条中納言仲介和歌点）
越後	上杉定実（神余仲介、太刀・千疋贈、永正8年）
信濃	上杉被官高梨刑部大輔政盛（古今集書写謝礼五百疋、文亀3年）高梨家家人僧暁雲（大永3年）
能登	畠山義総（源氏物語五四帖二千疋売却、早歌の本謝礼千疋、永正17年、以後度々）畠山老臣温井備中入道（源氏染筆）
加賀	松岡寺兼祐子（実隆書写の古今集に宸筆名、永正8年）娑婆谷（古今書写、永正8年）
甲斐	某（実隆書写一条兼良銘の源氏物語千五百疋にて売却、永正3年）
伊豆	住心院（琵琶法師理一検校仲介）
駿河	今川氏親（宗長仲介二千疋贈る、永正5年）今川氏親妻（宸筆源氏物語仲介、永正6年）今川氏輝（金三両、大永6年）
三河	浄土寺僧（大永3年）
尾張	織田七郎（詠歌大概講釈、天文3年）
美濃	土岐成頼（延徳3年）守護代斎藤妙純（権大僧都勅許斡旋、明応4年）斎藤弾正忠（源氏物語、永正2年）東下野守常和、東宮内少輔氏胤（永正5年）東素純（百番歌合判詞、享禄3年）東素経（古今集講釈金3両、享禄5年）守護土岐頼芸（天文元年）
伊賀	仁木政長（延徳3年）
伊勢	山田某（天文3年）
越前	朝倉妻（絹一疋贈、明応7年）朝倉貞景（宸筆源氏物語仲介、永正6年）朝倉孝景（千疋贈、享禄2年）
若狭	武田弥五郎、武田被官粟屋左衛門尉親栄（源氏物語指導、文亀元年以後度々）吉田四郎兵衛、丸七郎左衛門、久村信濃、大野藤左衛門（粟屋仲介、文亀3年）守護武田大膳大夫（三十六人集書写、永正8年）武田被官内藤膳高（二十代集外題染筆、天文2年）

近江	三上越前守（源氏外題染筆、大永3年）種村貞和（千句連歌謝礼千五百疋、大永4年）三雲資胤（古今集書写奥書、享禄2年）
畿内	細川被官上原豊前守賢家（土佐日記指導、延徳4年）和泉守護細川政春（連歌会、明応5年）松田豊前守（源氏箒木書写、明応7年）波々伯部兵庫守（細川聡明丸用手本、明応7年）宗祇（色紙三十六枚染筆、明応7年）大館伊予守尚氏（明応7年）蜷川三郎左衛門（二十首題、永正8年）畠山治部大輔（手本所望、永正8年）山科本願寺被官下間源五郎頼則（音一勾当仲介和歌合点、永正8年）細川高国（永正9年）高国被官飯川国弘（伊勢物語講釈、大永8年）堺の武野孫三郎（伊勢物語講釈、大永8年）和泉の松浦肥前守（源氏外題奥書、享禄2年）赤沢兵庫入道（百首和歌点、享禄2年）柳本賢治（三百疋贈、享禄2年）大和十市遠忠（和歌三十首合点、享禄2年）堺の武野新五郎（千疋贈、享禄2年）京都禅林寺大旦那雁金屋（天文2年）観世弥二郎（江島弁財天猿楽見せる、天文3年）
播磨	赤松被官葦田木工助友興（宗祇仲介、明応6年）守護代浦上則宗（宗祇仲介古今集、明応7年）別所就治（柳本依頼扇面染筆、享禄3年）浦上村宗（高国仲介、享禄3年）
中国	大内政弘（興隆寺勅額仲介、文明18年）大内義興（延徳3年）大内被官龍崎道輔（有職故実、永正5年）問田大蔵少輔（宝生新作「空蟬」添削依頼、永正6年）陶三郎（愚詠百首、永正8年）内海某（大永5年）大内義隆（金十両、享禄5年）
出雲	犬間某（百疋持参、享禄2年）尼子経久（伊勢物語書写、天文元年）
豊後	大友被官甲筑前守長秀、雄城某（大永5年）
肥前	国山寺法師（僧官所望宗碩仲介謝礼北絹一反、永正9年）志自岐縁定（色紙染筆、大永6年）
肥後	鹿子木三河守親員（宗碩仲介、源氏五四帖二千疋売却、享禄2年）
薩摩	吉田位清夫妻（宗碩仲介和歌合点、謝礼唐糸、永正8年）
大隅	禰寝大和守堯重（五十首和歌合点、謝礼段子一反沈一斤、永正9年）

第6表　三条西実隆の絵巻詞書・勧進帳など起草書写一覧

年　月　日	起　草　文	依　頼　者
文明 6. 2. 9	禁中小絵詞を書写す	後土御門天皇依頼
文明 6.10.29	小絵小詞　御前において草す	後土御門天皇依頼
文明 6.11.12	「高野雲絵詞」詞書起草に腐心	後土御門天皇依頼
文明 8. 3.29	善光寺絵詞を校合す	後土御門天皇依頼
文明 8. 5.16	小野宮右大臣絵巻の銘を書く	足利義尚
文明16.10.27	「河内国石塔寺勧進帳」起草	
文明16.11. 5	「一路遁世由来之物語絵巻」詞書草記	後土御門天皇依頼
文明17.正.26	幻夢発心絵詞を書写す	後土御門天皇
文明19.正.27・2.29	「星光寺縁起」中書	
明応 6.	「石山寺縁起」巻四詞書書く	
明応 7. 9.28	往生伝を書写す	後土御門天皇
明応 7.後10.21	「藤森神福寺勧進帳」清書	
文亀 3. 4.20・5.12	「北野天神縁起絵巻」詞書奥書依頼	北野松梅院
文亀 3.	能楽「狭衣」実隆作　上演	
永正 5.10.17	「瀬田橋勧進帳」書く	真光院所望
永正 6. 2.	「近江国竹生島勧進帳」清書(起草？)	天台座主三千院堯胤
永正 6. 2.	「六角堂鐘勧進帳」清書(起草？)	任芸
永正 6.閏8.26	宝生新作能楽「空蟬」添削	大内家臣問田大蔵少輔
永正 6.10.30	明恵上人絵詞を校合す	足利義尹
永正 8. 2.14	「剛琳寺勧進帳」清書	
永正14. 4.〜9.	「清水寺縁起絵巻」下巻詞書執筆	一乗院良誉
享禄 2. 3.29・4. 1	「有馬温泉寺勧進帳」抄之清書	
享禄 4. 4. 8	「参鈷寺縁起絵巻」詞書清書　起草	同寺縁起文に基づく
享禄 4.後 5. 8	「参鈷寺長灯勧進帳」清書	勧進聖祐全
享禄 5. 1	「当麻寺縁起絵巻」一段の詞書染筆	当麻寺宗胤発願
享禄 5. 6	「桑実寺縁起絵巻」詞書起草	将軍義晴

晩に及び、星光寺縁起絵画図今日到来と云々、土佐将監の筆なり、殊勝なり、詞二段、料紙を汚□すに依り、書改むべきの由仰下さる、則染筆し返上し了んぬ

とあって、中書と清書の双方を行っている。しかし、中書の内容が文章にまで及んだかどうかはわからない。

より詳細な事情がわかる「桑実《くわのみ》寺《でら》縁起絵巻」の作成過程を見よう。周知のようにこの絵巻は動乱によって京都を逃げ出し、桑実寺に身を寄せていた将軍足利義晴の発願、依頼によって作成されたものである。その詞書の起草を頼まれた実隆は、享禄五年正月二十一日、資料を桑実寺から取り寄せて、

此の本正躰無きの物なり、頗《すこぶ》る難儀の事なり、これを如何《いかん》せん

と困っているが、二十九日には草案を作っている。その草案は将軍の上意に適い、草案にもとづいて絵所預土佐光茂に絵を書かせ、清書は後奈良天皇、実隆、青蓮院宮《しょうれんいんのみや》でおこなっている。豪華なので、勧進に使うのは勿体ない、写しを作ってそれを使ったらと言う意見が出ている[10]ほどである。この経過からみて体をなさない縁起を実隆が形を調えて作り上げたことは間違いない。

実隆が制作の世話をし、上巻を勅筆（後奈良天皇）、中巻が陽明太閤（近衛尚通）、下巻は実隆、公順、公条親子で清書している「当麻寺縁起絵巻」は、中段に能楽「雲雀山《ひばりやま》」の話が挿入されている[11]。当時流行して能楽にもなっている中将姫説話を入れて興味をもりたてる点、いかにも勧進用絵巻らしいが、能楽制作もおこなう実隆の工夫かもしれない。

『桑実寺縁起』

文亀三年（一五七二）に作成された「北野天神縁起絵巻」は、北野社僧珠厳が勧進によって縁起の新写を計画した。絵所預土佐光信の絵で宸筆題字、詞書・奥書実隆という顔ぶれで、天皇への取次も実隆である。奥書に「旧本紛失の間、懇丹の至誠を抽《ぬき》んず、後素の新様を施す」と記していて、実隆が新しく修整したことがわかる。

北野天神縁起絵巻の諸本には、大きく分けて承久本と弘安本があるが、この光信本は絵は弘安本系統であるが、詞書は承久本系統に近く、しかし書き出しの文章は違っている。

承久本「王城鎮守神々おほくましませと北野宮の利生」

弘安本「漢家本朝霊験不思議一にあらさるなかに」

光信本「日本我朝は神明の御めくみことにさかり

図27

なり」

とあって、光信本の神道的傾向の強さは明らかである。光信本系統の書き出しを有するのは、現存では永仁六年施入の奥書を有する姫路津田天満神社のものと同類異種である[12]というから、実隆のまったくの創作とはいえないが、鎌倉末期以降、国粋的傾向が強くなる様子が窺える。

勧進帳についても第6表のように、管見のものだけでも石塔寺、神福寺、竹生島、六角堂鐘、剛琳寺、有馬温泉寺、参鈷寺長灯などにわたっていた。実隆を代表とするように、勧進帳も、縁起も天皇の周辺の貴族によって作られた事は明らかである。

4　天皇の宸書

もちろん天皇もそれを仕事にしていた感がある。これも天皇の経済的困窮の結果ではあるが、それ

備　考
募縁による新写
募縁による新写
青蓮院尊鎮親王奥書
覚胤詞書
御本、香箱の代五百疋
(貫之筆)

が同時に文化的な効果を持ったことは否めない。後奈良天皇は、天文四年（一五三五）東大寺八幡宮縁起絵詞を宸書し、絵は大和絵師が描いたという。同十二年には、根来寺《ねごろじ》縁起絵詞を書いている。外題、銘などはたびたびであった。勧進帳では、天文八年の誓願寺勧進帳も宸筆であった（第7表）。

また、勧進の勅許というものも多くでているが、この時期すべての勧進に、天皇の認可権があったわけではない。明応三年（一四九〇）泉涌寺《せんにゅうじ》再造の勧進に際して、幕府が勅を奉じて、諸将に対し、勧進僧の通路を阻止することを停止している（「泉涌寺文書」十月十九日条）が、幕府・諸大名に対する工作が目的で勅許を得たものと思われる。享禄四年（一五三一）朝廷は泉涌寺舎利殿《しゃりでん》造営勧進について大内義隆《よしたか》に分国中に令せしめており、義隆はそれに答えている（『実隆公記』五月二十八日条）。大永七年（一五二七）三宝院義堯《ぎぎょう》は、醍醐寺勧進僧の陸奥下向について綸旨を申請している（『実隆公記』三月二十九日条）。天文三年（一五三四）東大寺の勧進については、美濃国に綸旨が下されている（『御湯殿の上の日記』六月二十二日条）。同四年（一五三五）美濃守護土岐頼芸《よりあき》は、蘭奢待《らんじゃたい》を申請してもらったり（『後

第7表　天皇書物表

天皇宸筆	依頼者	取次者	物品
文明18．8	大内政弘	三条西実隆	周防国興隆寺勅額
明応 3．4	筑前筥崎宮	石清水八幡宮？	宸筆神号
明応5．閏2	宗祇	実隆	長門住吉社法楽百首和歌宸筆御製
文亀元．7	大和当麻寺		新写曼陀羅の題字宸筆
文亀 3．4	北野社僧珠厳	実隆	聖廟縁起の宸筆題字
永正 6．2	今川氏親 朝倉貞景妻	実隆	宸筆源氏詞二帖
同　5	一条房家 （土佐国司）	一条冬良 実隆	宸筆詩歌懐紙
永正 8．6	崇徳帝光堂	実隆	法楽勧進宸筆御製
同　11	加賀松岡寺兼祐子	実隆	実隆書写古今和歌集宸筆銘
大永 4．8	山城真如堂		真如堂縁起宸筆外題
享禄 2．4	肥後大慈寺		再興の綸旨・勅額
同　6		妙法院覚胤親王	融通念仏縁起勅筆銘
享禄5.6.22	足利義晴		近江桑実寺縁起詞書・外題宸筆
天文 4．9	東大寺八幡宮	帥大納言	東大寺八幡宮縁起絵詞宸書
天文 8．6	誓願寺	上臈局	誓願寺勧進帳宸書
同　閏6	豊後万寿寺	上臈局	勅額を請う
天文11．6	肥後藤崎八幡宮	三条西公条	勅額（礼千疋）
天文12．3	根来寺	三条西公条	根来寺縁起絵詞宸筆書
天文13．2	近衛稙家		古今和歌集奥書宸書を請う
天文17．3	山科言継		天神名号など宸筆
永禄 4．7	越前赤藤社	三条西公条	越前赤藤社縁起外題宸筆

奈良天皇宸記』七月二十九日条）、絶えず進物をしたり、朝廷と直接接触があるから、綸旨下付は一定の効果があったと見ることが出来よう。

以上のように、勧進による寺社の再建（実際には再建と称して造立の場合も多いと思われる）には、勧進の天皇による勅許、奉加、勧進帳の執筆、勧進聖に対する上人号授与など、勧進行為の一連の事業の権威づけに、天皇の果たした役割は大きい。

百年以上、遷宮が行われなかった伊勢内外宮を造立して伊勢上人と呼ばれた慶光院の尼たちは、戦国大名、織豊徳統一権力などの後援を得て事業を行ったが、早くから勧修寺《かじゅうじ》家を取り次ぎとして天皇に近づき、院号や上人号を許されている(13)。その例は枚挙に暇がない。

これらは窮迫した天皇ならびに公家貴族のアルバイト・収入源であって、それ以上のものではないと考える人もあろうが、勧進という民衆を巻き込む事業をとおして、公家貴族の文化、思想が、民衆に影響をもつ点は否定できないと考える。また、大名の分国を超えての勧進僧などの行動半径の広さのためには、天皇の名による自由通行権の保証が必要である。そこに天皇の存在意義を見る見解(14)もあるが、これはすぐれて戦国期的な現象であり、形式的な自由通行権よりも、現実に効果を持つ大名に対して綸旨が下付されたのだと考える。また、この自由通行権がとりわけ問題になるのは、関所が濫設される戦国期的現象であり、有名な安宅関《あたかのせき》の弁慶の勧進帳の能楽「安宅」が、観世小次郎によって創作されるのも戦国期であることによっても明らかであろう。

注

（1）脇田晴子「神能の位置」『芸能史研究』一四四号、一九九九年、脇田晴子・アンヌブッシイ編『アイデンティティ・周縁・媒介』吉川弘文館、二〇〇〇年。
（2）天野文雄「替間成立の一側面―道者マイをめぐって―」『芸能史研究』七五号、一九八一年。
（3）赤瀬信吾「連歌と僧坊」『叡山の文化』世界思想社、一九八九年。
（4）鶴崎裕雄『戦国の権力と寄合の文芸』和泉書院、一九八八年。
（5）『国史大辞典』「東常縁」の項（今泉淑夫執筆）、吉川弘文館、一九八九年。
（6）伊地知鉄男『宗祇』青梧堂、一九四三年。
（7）脇田晴子「好色と政治性―戦国時代の源氏物語の流行―」『新日本古典文学大系月報』岩波書店、一九九四年。
（8）原勝郎「東山時代に於ける一縉紳の生活」『日本中世史の研究』同文館、一九二九年、芳賀幸四郎『三条西実隆』吉川弘文館、一九六〇年、『芳賀幸四郎歴史論集』思文閣出版、一九八一年、本書第七章の注（4）参照。
（9）『箕面市史』第一巻第二章第二節、福田晃『中世語り物文芸』「神道集の性格」三弥井書店、一九八一年、同『神道集説話の成立』三弥井書店、一九八四年。
（10）『社寺縁起絵』「桑実寺縁起」二巻解説所載、付属消息文、角川書店、一九七五年。
（11）同「当麻寺縁起」三巻解説。
（12）梅津次郎「天神縁起絵巻」『美術研究』一二六号、一九四二年、中野玄三「社寺縁起絵論」注（3）前掲書所収。
（13）脇田晴子「中世女性の性別役割分担」『日本中世女性史の研究』東京大学出版会、一九九二年。
（14）網野善彦『悪党と海賊―日本中世の社会と政治』法政大学出版局、一九九五年。

七　三条西実隆の風雅

1　文化と政治

三条西実隆《さんじょうにしさねたか》（一四五五〜一五三七）をとりあげて、戦国時代という乱世のなかでの文化のもつ意味を探ってみたいというのが本章の目的である。文化に携わる人というのは、実権というものを忌避するか、または諦めた人と通常思われている。文化というものは虚学であって実学ではない。虚学であるがゆえに、文化を政治と無関係と受け取る人もあるが、決してそうではない。文化や文学というものは、その人の政治的表現である場合が多いのだ。したがって、文化というもの、文人というものを一つに引っ括るということはできない。文化にもあらゆる立場の文化があり、文人といっても幾種類もの生き方があろう。

また、文化はそれを操作することによって人心操作も可能であるという意味において、非常に政治性をもつものであるから、文人の言動はソフトな形で社会に大きな影響をもつのである。

三条西実隆といえば、一条兼良《かねら》亡きあと、和学復興の第一人者と知られている。宗祇《そうぎ》から古今伝授を受け、宗祇と組んでいわば古典復興運動の指導者的役割を担った人である。政治的不介入と中立的立場に徹した文化的権威というのが、先学の評価である。しかし、天皇のもっとも忠実な廷臣であり、その生活信条が、修身・尽忠・興家・報国であったという彼が、政治的不介入と中立的立場を取ったように見えるということは、武家権力の掌握するものに対してであって、天皇を含めての勢力配置に中立的姿勢は取れないのである。政治権力の真っ直中にあり、しかも無風地帯のように見える天皇家は、いわば台風の眼のような存在であった。いわば天皇家自身が、将軍・幕府に対して、政治的不介入と中立的立場を取っているように見せたのである。否、見せざるを得なかったというべきであるかもしれない。戦国動乱のなかでの天皇家は、徳川幕府の「天子御芸能之事、第一御学問也」という「禁中並公家諸法度」を待たずとも、実権を無くした天皇家は、文化・学問・宗教にしか頼るところはなかった。権力を無くした天皇には権威のみが残った。その権威は何に基づいていたのであろうか。それは天皇家・朝廷、そして、門跡寺院などの形で傘下にある宗教勢力を含んだ公家勢力総体としての文化の高さであったと考える(1)。

したがって、動乱のなかで、文化に徹することの意味は、文化人たることを梃子としての安穏であって、文化を隠れ蓑とすることであった。実隆の政治的不介入と中立的立場のポーズ、文化人としての声望、それは同時に天皇の生き方であって、文化のなかに避難するものであった。動乱のなかで、禁裏は公家たちの避難所であって、土一揆さえも禁裏にこもるという風聞が立つほどであった。それは敵味方に別れて戦う武家に対して、どちらにもつかない超越的立場をたくみに天皇は取ったのである。商人でも将軍御用の商人は没落したが、天皇御用の立入家などは没落しなかったのである(2)。

したがって、中立的立場に徹する文化的権威として自己を安穏に確立しょうとしたのが、三条西実隆であり、それが何ら忠実な廷臣としての道と矛盾しなかったのは、彼の仕える天皇・朝廷の生きる道がそうであったからである。いわば、戦国時代に超越的権威としての天皇家の生きる道をもっとも的確に体現したのが、実隆といえるであろう。

実隆については、すでに原勝郎氏の名著といわれた「東山時代に於ける一縉紳《しんしん》の生活」(3)があって、日本における文人の一典型とされている。続いて芳賀幸四郎氏の数多くの著作(4)もある。宗祇との関係においては、伊知地鉄男氏の「宗祇」(5)がある。これらによって、網羅的な実隆像の考察は尽くされているように思える。その上にあえて、私が問題にするのは、以上に述べたような実隆と政治との関係、学問・文化と身分との関係というものを少し深めて考えてみたいからである。それによって、学問・文化の隠されて持つ政治的性格に迫りえたら、望外の喜びである。

2　「政治的中立」と廷臣としての立場

三条西実隆は、二十二歳で蔵人頭《くろうどのとう》、二十四歳で参議に列し、二十七歳権中納言《ごんちゅうなごん》、三十五歳権大納言と家格相応の出世をし、五十二歳で名目的で短期の内大臣になっている。その間、侍従として後土《ごっち》御門《みかど》天皇の信頼を得、致仕・出家の後も朝廷・天皇の顧問格として、後柏原《ごかしわばら》天皇の信頼に応えている。それには彼の温厚篤実な人柄と、彼の生活信条が「修身・尽忠・興家・報国」（『実隆公記』文明十六年（一四八四）正月二日条、以下年月日のみ記す）であることにもよるが、彼の妻の勧修寺《かじゅうじ》氏の姉勧修寺房子は後土御門天皇の新大納言典侍《すけのつぼね》局で法親王《ほっしんのう》となった皇子の母であり、三位局《さんみのつぼね》となった人である。同じく妻の妹勧修寺藤子は後柏原天皇の新大納言典侍局で、後奈良天皇生母で准三后《じゅさんごう》豊楽門院《ぶらくもんいん》である。したがって彼は廷臣としての信頼だけでなしに、妻を通じての天皇家の内々の相談にも乗っており、表裏ともに忠実な廷臣と言えた。

図28　三条西実隆紙形

はじめに述べたように、彼は性格的に保守的であり、「政治的中立」の立場を固持していたとされている。[6] しかし、厳密にいえば、廷臣として、朝廷の立場に立って、武家の権力争いに中立の立場を取ろうとしていたのである。しかも、それは実隆個人の処世観のみではなくて、乱世にあって権力を持たず、しかも政治権力のまっただなかにある天皇家の生きる道がそれしかないと思い定めているところが、当代第一の文化教養人といわれながら、もっとも忠実な廷臣として生きてゆけるという至難の立場が貫ける理由であった。以下、具体的場面での彼の身の処し方、意見を見ていこう。

文明十五年（一四八三）七月ごろ、東山山荘に移った直後、足利義政は出家しようとした。二十九日、天皇は皇太子勝仁親王を使いとしてそれを留め、義政も思い止まるよしを言い、不意の事であるのに大変な御馳走をした。実隆はその伝聞を記したのちに、それは足利義満出家の際に、後小松院が行幸した先例によるというが、「この事定めて、意見を献ずるの□《（輩カ）》これあるか。凡そ聊尓至極、不可説の事なり、如何《いかん》せん短慮、思量の不足の者なり、莫言々々」（七月二十九日条）と日記に記している。側すなわち、彼は天皇が側近の意見を入れて、皇太子を使いに出したのを思慮に欠けるとしている。側近に罪を着せて非難するのは公家の常套手段である。なぜいけないかを記していないが推察するに、権力者とはいえ、朝廷の尊貴や官位の秩序でいえば、親王の方が上であるから、それが然るべき儀礼を踏まず、のこのこ出掛けてゆくのは、朝廷の秩序をみずから乱すもので自殺行為であるということであろう。このように実隆は天皇を中心とする身分秩序の保持主義者であり、朝廷の権威・格式を落とすまいという心情をもっていた。

ところがこのような実隆に、文化的嗜好の強い義政・義尚父子は大変好感をもっていた。とりわけ和歌に打ち込んだ義尚は、打聞《うちぎき》集編纂を企て、当代一流といわれる歌人を集め、実隆もその一員になっていたが、隔日に参仕せよといわれている。しかし、実隆のような天皇側近の公家には、禁裏小番（宿直の当番）のローテーションが組まれていて、その日に当たっていた。武家伝奏（朝廷の幕府向け交渉責任者）が人に代わってもらって幕府に出仕せよといった。実隆もやむなく二度出仕しているが、「実隆においては、惣別御要繁多の間、自余に混ずべからずの由」を特別に天皇から将軍に申し入れてもらっている（文明十五年八月二十一日条）。それは自分が困っている子細を天皇に申し上げたからであると記している。それには両方から使われるのは堪らない、自分は廷臣であるという気持ちももちろん強いが、義尚に対する批判もあって、距離を置きたい気持ちがあったからである。そのころ義尚は猿楽師の彦次郎というものを同性愛から寵愛していて、足利一族の広沢という名字を与えるなど諸事、身分には相応しくない待遇をしていた。実隆はそれを苦々しく思っていたらしい。「晩におよびて犬追物あり、劈人《へいじん》彦次郎始めて、射手に加わる、珍事々々」（八月十八日条）と記している。それ以後も室町殿（義尚）には参仕しているが、二度に一度、三度に一度のわりで、たくみに距離を置いている。そのあたりの処世が実にうまかったといえよう。

義政・義尚時代は父子の喧嘩《けんか》、また御台所日野富子との夫婦喧嘩・親子喧嘩が暫《しば》しはあったとしても、いまだ直系であるから大事にいたらないが、将軍家も細川政元のクーデターによる将軍廃立ののちは、将軍の系統が二派にわかれ、細川管領《かんれい》家も二つに別れて相争うから、幕府に近づくことは危険なことでもあった。幕府政治に介入して没落する公家は、実隆の近辺にも多くあった。

例えば文明十八年、三条西家の本家筋で実隆の邸宅の東隣の正親町三条《おおぎまちさんじょう》公治《きんはる》は、応仁文明の乱の結果、賊軍となった畠山義就《よしなり》を義尚に取りなしてやった。それを受け入れた義尚は、敵方の畠山政長と細川政元に和睦せよと命じたが応じなかった。そして怒った細川政元は介入した三条公治を憎み、攻め寄せて邸に放火、焼き払ってしまった。公治は同類の伊勢氏のもとに逃げ、家族は実隆のもとに避難してきた。実隆の家は幸い類焼を免れたが、妻の実家に避難したりしている。その直前、実隆は親しい親戚のことであるので、懇意な細川の被官を招いて、一条冬良などの公家と仲裁に乗り出しているが、「只蒼天を仰ぐのみ」とどうにもならない。また、それに一枚加わった義尚からは、二度も召しがあるが故障を構えて伺候していない。天皇からは女房奉書（典侍、内侍の女官、常には勾当内侍が天皇の意思を奉じてだす文書）が実隆に下された。実隆は女房奉書下付を公治に伝えている。また事があってのちすぐの当番には天皇に報告し、天皇も勾当内侍の局で盃酌をたまわっている（文明十八年、三月二十二、二十四、二十七、二十八、二十九、四月三、四、五〜二十日条）。この一件については実隆はとりたてて、何の感慨も洩らしていないが、五月逃げていた公治が坂本まで帰ってきたのを仲間の公家と会いにいった実隆は、「世事などを談ず、すこぶる夢中の如きものなり」「窮屈過法のものなり」と記している（五月十二、十三日条）。有為転変を嘆き、進退極まったというところか。この一件で感じられるところは、親類であることにもよるが、公家方の親近感は強く、武家に容喙《ようし》した失敗を思っても、高位の公家が武士に攻められる世の中の惨めさと言う点で一致しており、来あわせた他の公家たちと

「月下盃酌など興有り」とお互いに慰め合ったのである。

朝廷は幕府の後楯のもとに、傀儡《かいらい》的に存立しているのであるから、両者の間に介在して動き廻る廷臣も必要であった。しかし、そのような公家は必ず火中の栗を拾わねばならない。そういう公家たちがいるから、実隆などが安閑として、清談をしておれるのだ、という皮肉な事態が実隆にはよくわかっていたに違いない。だからその人々を敵視することなく、蔑視することなく、いたわりあうのである。

しかし、その度が過ぎて、公家の立場をわきまえず、武家の権力を笠にきる公家にはきびしい。延徳二年(一四九〇)、代替わりとなった将軍義材《よしき》とその父義視《よしみ》の寵愛を得た葉室光忠《はむろみつただ》が、権中納言に昇進した時、扈従の殿上人十人をひき従えて美々しく拝賀を行った。実隆はその行列のありさまを詳しく載せ、「およそ奇代の壮観なりと云々、武威の覃《およ》ぶ所、朝廷の美談か、珍重々々」(十月二十八日条)と記しており、幕府の威勢を背景にするのが、朝廷の美談となるのは結構なことだと複雑な謗《そし》り方をしている。そして葉室家の始祖の葉室大納言光頼が拝賀の時に、存ずる旨あるの由を称して、一人として殿上人を相伴させず、ただ家の前駆十人のみを召し具したことをあげ、「今度の儀もっとも英雄無双の事か、珍重々々」と皮肉っている。実隆としては公家勢力の凋落のなかで、時の権力層と結びついて、華々しく動きまわる者に対する嫌悪感があったと思われる。果して葉室光忠は明応二年(一四九三)、将軍義材の遠征に同道して河内まで行き、細川政元のクーデターが起こって殺され(四月二十九日条)、父親の教忠の家まで焼かれているのである。

同じく将軍寵愛で河内まで同行した高倉永康は、延徳二年(一四九〇)、将軍の威光を笠に着て、荘園年貢の未進に対して発向しようとし、近隣の荘園の土民は合力せよという幕府奉行人の奉書を取りつけて、実隆の所へも動員してきた。実隆は「当時の儀、更に知行分の所々、愚命に応ぜず、但心中においては等閑に存ずべからず肝要なり」(八月十六日条)となかなかうまい断り方をしている。芳賀氏も指摘されているごとく、惣村連合によって広範囲の連帯を組織して一揆を起こす土民たちを徴発して、隣の土民を攻めようと、痩せ公家たちが企てても無理な相談というものであることを、賢い実隆はわかっていたであろう。しかしそれよりも前に、実隆の処世観としては成功するか否を問わず、公家が武士の真似をして実働することが危ういものであると、肝に命じて思っていたと考える。

したがって、常に実隆は将軍には距離をおこうと言う態度を取っていた。当時公家第一の学者であると目されていた彼には、将軍の方で用があった。将軍義材失脚の直前にも、「今日室町殿に参賀せんと欲するの処、犬追物、猿楽等これ有ると云々、定て歴々か、仍て斟酌しおわんぬ」(明応二年正月二十日条)と将軍側近たちに辟易している様が窺われる。したがって将軍が失脚し、捕らわれの身となって上洛しても、「言語同断の次第なり、その子細筆端に述べがたきのみ」(五月二日条)と一行のみ、さらりと記していて、傍観者的である。

しかし、実隆の官位が上がり、年を取るにしたがって、好むと好まざるにかかわらず、将軍と交渉が出来てくるのはやむを得ない仕儀であった。しかし、それは朝幕関係の処置について天皇が実隆に相談するという立場からであるので、実隆はあくまで天皇と一体化しての意見であるから、そこに矛盾はないわけであった。細川政元に擁立された将軍義高（のち改名して義遐、義澄）が、朝廷の慣例を無視して横車を押してくるのに憤慨して、「毎事、申請さるるのことにおいては、鹿を指して馬と言う、沙汰の外なり、これを如何と為す、莫言々々」（文亀二年八月十五日条）と言っており、その将軍が政元と間隙を生じて、隠居すると大騒ぎし、将軍候補者と思われたからであろうか、前将軍末弟を殺した時も、「その間の事記すあたわず、末代の至極、弾指すべし々々々」（八月五日条）と書きつつ、天皇の諮問に応えて、宸筆で女房奉書のような仮名の散らし書きがよいと具申し、勅書の文章を起草している（八月六日条）。その後、政元が横死した時も、「驚嘆極まり無し」としつつも「天命なり」と客観的に記すが、しかしその後の世上の混乱には大分参っていることが日記にみられる。

かくて永正五年（一五〇八）、前将軍の義尹《よしただ》（義材）が、細川高国、大内義興に擁立されて入京し、義高は近江に没落したので、将軍に返り咲くこととなった。ところがそのためには、天皇から将軍宣下をしてもらわねばならない。実隆はその取次役に頼まれており、天皇の発給する文書や折衝について、種々意見を具申している（六月八日条）。事情は義尹側近として従った公家、阿野中将季綱が訪ねてきて、将軍入洛以前から工作していることによるが、おそらく天皇信頼第一の実隆に頼むのがよいということになり、実隆も政情不安を解決するためには、大内義興の大武力をバックにする前将軍がよいと思い、それはまた天皇を初めとする朝廷の意見であったから、それに応じたのであろう。実隆は自分個人の意見を通して無理をして肩入れする人ではないからである。八月二十四日には、新大納言典侍局（実隆妻の妹、皇太子生母）が実隆邸にきて、天皇から将軍に遣わす勅書について相談し、文章の内容まで相談している。

天皇側近として、天皇家中心に考えて、その格式を守るために、有職《ゆうそく》の作法を揺るがせにしない。というのが実隆の姿勢であった。それに対して、将軍義尹、管領の細川高国、副将軍格の大内義興は、それぞれは政権を取った直後からたちまちに仲が悪く、お互いの駆け引きを繰り返しながら、不思議に天皇家に対する重要視を共通にしている。金銭の献上、官位の昇進要望、将軍が禁裏小番を勤めたいというなど、公家もびっくりするほどの忠勤ぶりである。それは実隆に対する厚遇にも現れていて、実隆の学問に対する、いわば弟子入りの形をとって現れる。天皇の要する権威づけとその文化の効用を知っていて、それに尊敬を払うという態度である。そしてその体現者が実隆であるから、重要視されるのである。したがって実隆としてはお高く止まって、あまり実権者と親密にはなりたくない、政権がいつまで続くかはわからないと言うところであった。幕府の猿楽張行に御所の女官が見物し、実隆妻も同行するというのを彼は反対して、「制止にかかわらざるの間閉口す、向後もっとも諫言を加うべき事なり」（永正五年八月五日条）と例に似ず強くいうのも、その姿勢からであると思われる。

将軍は正月に彼を正客にして宴を張り、大内義興はたびたび実隆邸を訪れているが、年賀の時には家司《けいし》がいないので、座敷にも上げずに帰している。山城守護となった大内が、実隆所領の守護請《しゅごうけ》（守護管理）を望んだ時も、彼はピシャリと断っている。武力に阿諛迎合することなく、身分格式を重んじる事が朝廷・天皇家を守る道と心得ていたのであろう。大内が周防国に帰ろうというのを、阿野から慰留する役を頼まれた時に述懐して、「今夜罷《まかり》向うの条、かたがた斟酌無きにあらず、世間の褒貶堪え難きといえども、天下のため、毎事忘るる者なり、道を守るはすなわち易く、世に応ずるはすなわち難《かた》し、先賢の格言と云々、誠に去り難きの事なり、塵世の交わり、無益々々」（七月二十三日条）と記している。成り行き上、心ならずも政治に引き入れられてしまったことを悔やむ心情であろう。または彼のポーズと現実との背離を自嘲したとも読める。

大内は自身これの答礼に実隆邸まで出向いている。しかし帰国を止めたことで大内に四位を許そうという話が出た。天皇は新大納言典侍局を使いに実隆に相談を掛けている（七月二十八日条）。それには実隆は賛成しているが（八月一日条）、大内が従四位上を望んでいると知って、先規を知らない、それは許されないと怒っている（八月四日条）。しかし結局、大内は希望通り昇進しており、禁裏に万疋のお礼をし、実隆にも太刀一腰、二千疋を自身で持参している。その後、大内家臣で実隆門に入って『源氏物語』などの古典を勉強するものは多く、すっかり実隆は親密になってしまい、永正九年の船岡山合戦の戦功の時は大内の依頼によって自身率先して、大内の三位昇進の取次をしている。だんだん引き入れられていっているのである。

したがって日記をみている限りにおいては、彼は義尹政権に与しており、その後、大内の帰国による義尹政権の凋落、義尹・高国の不仲にいたっては高国と親密にしており、大内義興は物質的援助による後援者的存在であった。高国の敗北による死についてはは相当の感慨を記している。しかし、高国が没落して、京都は柳本賢治の支配下に入ると、柳本は実隆を疎略にあつかわず、盛んに実隆に染筆を依頼したり、邸宅に訪れたりしている。この時すでに実隆は出家していたのであるが、彼の文化的な令名と天皇の信頼を柳本はよく知っており、実隆も時の権力者を表面は疎略には扱わなかったのであろう。あれだけ近かったのに、将軍義尹の死についてはノーコメントである。したがって政治にも冷却し、文化的中立性に舞い戻ったのは、芳賀氏が言われるとおりであるが、高国には人間的親近感を持っていたとしても、義尹にはなじめなかったのであろう。心中では峻別しつつ、表面は誰にも穏やかに、しかも格式を持ち、決して、のめり込まないで利用すべきところは利用するという高度に文化的な公家的な人間像が窺われるのである。

3　吉田兼倶との有り方

前節では天皇の忠実な廷臣としての有り方が、文人としての政治中立主義と決して矛盾しないことを論じた。しかし何もかもが矛盾しないことはない。天皇が支持したことが、実隆には支持出来ないということもあった。その例として、吉田兼倶《かねとも》の唯一宗源神道の問題がある。

吉田兼倶は伊勢皇大神宮の神器が吉田社に降り下ったと称し、天皇に奏した。天皇はそれを議定所に迎えて拝して、兼倶の作った大元宮に安置することを命じ、「大元宮」の勅額を書いて与えている。伊勢の神官荒木田守朝たちは、それがまったくの虚妄であることを連署して訴えているが、天皇はとりあげず、兼倶を重用している。それにおうじて公卿たちにも好意的な色彩が強く、連歌などに読み込まれている。(7) 兼倶の神道説が虚妄であれ、何であれ、それによって諸国の神々が吉田神道のもとに組み込まれることは、結局は天皇傘下に編成されることになることを、本能的に察知していたのであろう。また現実的には、吉田神道が編成する神々の位階の申請が天皇家を潤していたことも事実であった。(8)

実隆はこの一連の事柄については一言の意見も書いていない。しかし、天皇が神器を拝した当日、当番に当たっていたのを故障と称して禁裏に詰めていない。しかも「毎事、面壁の如し」（延徳元年十一月十九日条）と記している。意見をいわないということであろう。しかも天皇の側近に人が居なくてはいけないというので、人に装束を貸してかわりに詰めさすという周到さである。そして天皇が神器を拝した次第を、中御門《なかみかど》亜相《あしよう》宣胤《のぶたね》に聞いている。宣胤からは詳細を極めた返事が来て、叡覧の儀式の次第、綸旨の写し、そしてその綸旨に「太神宮真実之御躰」と書かれていること、その綸旨は白川民部卿《みんぶのきよう》忠富《ただとみ》の筆跡であったので、問いただしたら天皇が宸筆でもって仰せいだされたので、という返事であったとのこと。その返事を見て、宣胤は「此状一見して、只落涙の外、他無く候、あはれ進退存定めて申入候ハやとハ存候しかとも」と自分の進退まで考えたけれども、また思い返し「未練の至りに候」と述懐している。「彼卿神祇才学他人に似るべからず候」と皮肉って反対すればよかったなどと記し、少し文章を変えて綸旨を出した。お礼にきた兼倶には出会わなかった。「愚存においては、神道の滅亡只此事に候由存じ候、但し御同心に非ざれば、愚昧を顧みて述懐を止むべく候、御尋に就いて心底を残し得ず、無益の他言に及び候、外聞その憚候、此状早く火中に入れらるべきの状、厚恩たるべく候、莫言々々」とはっきりした反対の言葉を実隆に書き送っている。実隆はそれを他言しない人という信頼感をもたれていたのであろう。そしてその後に兼倶の申し出をすべて断っていることから見ても、疑義、批判を感じていたことは推察できる。しかし、このように心情を吐露した宣胤の手紙に対しても何の意見も書かない。実隆はその手紙を火中にもせず、全文を日記中に写し、返事を出したか出さなかったかも一切、ノーコメントなのである。恐ろしいばかりの用心深さであった。

永正二年（一五〇五）十月五日、中御門中納言宣秀が吉田兼倶の依頼の仲介としてやって来て、吉田の斎場所を修理するための諸国への奉加のための由緒を述べた勧進帳のようなものを書いてくれといってきた。もし承諾してくれれば「唯一神道名法要抄」という秘書を見せてあげるという。実隆は「もっとも所望の事たりといえども、相応せざるの事更に成立すべからざるの間、堅く斟酌せしむる所なり」と不相応であるということできっぱり断ってしまっている。

恐らく依頼の事情は、当時実隆は権大納言で侍従と神宮伝奏を兼任しているから、伊勢神宮を敵に廻している兼倶にとっては、実隆に書かせて味方に引き込むことのメリットがあり、実隆はそれを察して断ったと思われる。そして芳賀氏のいわれるように兼倶のうさん臭さは充分承知していて、それが理由かもしれないが、そのような事情は日記には書かないのである。のちに兼倶から神道伝授を申しでられた時もその任ではないと辞退している（永正六年九月二十六日条）。兼倶の実子である清原宣賢とは随分親密にしており、のちには宣賢の援助を受けて、子息公条が『漢書』の帝紀、列伝の点を完成している（大永四年正月二十二日、二月二十四日条）が、宣賢が自身で仲間男を殺害した時、一言「穏便ならざる事か」（明応四年六月二十九日条）と非難している。この親子のやり方には付いてゆけないものを感じていたのかも知れない。

宗教的には実隆は真盛上人の念仏門であり、教養としては桃源瑞仙の東坡《とうば》詩の講釈をきくなど禅僧と近く、子の一人は東大寺に入室して別当となり、一人は了庵桂悟のもとで禅僧となり、遣明船に乗っている。神道とは一線を画しているように受け取れる。一条兼良、兼倶、宣賢にいたる神道理論と実隆が無縁か有縁であったかは、今後の課題としたい。

4　連歌師宗祇との友誼

実隆は連歌師宗祇と親交を深め、古今伝授を許されるなどいわば師弟関係にあった。その上、准勅撰としての『新撰菟玖波《つくば》集』が撰集されるについては実隆の協力は大きい。それらについては、伊地鉄男氏をはじめ研究は多く、いまさら屋上屋を架する必要もないし専門でもない。ここでは少し視点を変えて、侍従大納言という衰えたりとはいえ朝廷の顕官にある実隆と、地下《じげ》の連歌師のなかでも、卑賤の出自といわれる宗祇との師弟関係と、心を許した文学的交流と、当時の社会では厳然として存在する身分の上下というものが、いかに交錯するかを見てゆきたい。例えば、地下の連歌師というものは、出家遁世しているから、身分を超越しているとかんがえられているが、必ずしもそうではない。宗祇の連歌師としての実力は天皇もよく承知していて、しばしば宗祇の合点を実隆を通じて貰っているほどである。しかし、宗祇が天皇に謁したり、天皇の連歌会に出席したりしていることを示すものはない。(9)それに対して肖柏は天皇の聖廟法楽の連歌会に召される（明応元年十一月十七日条）などたびたび宮中に参入している。肖柏は中院通秀《なかのいんみちひで》（内大臣）の弟で公家の出であったことによると思われる。このような身分と学問的交流との間というものを実隆と宗祇の間にみてゆきたい。

実隆と宗祇との交流が日記に現れるのは、文明九年（一四七七）七月十一日の条で、宗祇が自分の草庵でおこなった『源氏物語』第二巻帚木の講釈に実隆が出席したことによる。翌日も出席している。その何日かあと、実隆は「七夕御歌合一巻」を「宗祇法師南都下向の便宜に下すべきの由、命ずべきの由、仰下さるの間、すなわち召して宗祇に仰せおわんぬ」（七月十七日条）と記している。恐らく仰せ下した人は天皇であって、その仰せを受けて命じたのは実隆である。南都には一条兼良が応仁・文明の乱を避けて居て、そこへ七夕歌合の批評を頼むため、宗祇法師にことずけたのである。卑賤の出といわれ、身分の違う宗祇と実隆の交流は、伊知地鉄男氏のいわれるように、宗祇の弟子、牡丹花肖柏が実隆の仲のよい中院通秀の弟であったこと、実隆の和歌・蹴鞠《けまり》の師であった飛鳥井雅親《あすかいまさちか》が宗祇の師匠でもあったことによるであろう。それとともに、宗祇は早くから一条兼良の恩顧を被っており、宮廷周辺に出入りをしていたのである。

宗祇との厚誼は、文明十三年（一四八一）の一条兼良死去以後、急速に深まり、文明十七年（一四八五）には実隆は十六年から始めていた『源氏物語』五十四帖の書写を閏《うるう》三月二十一日に完成し、その晩には宗祇、肖柏がやって来て「清談すこぶるその興あり」と書いている。それから『源氏物語』を読もうということになり、時には宗祇、肖柏、常には肖柏とともに二回で一巻ぐらいのスピードで読んでおり、翌年六月には終わっている。

また一方で、六月一日からは兼ねてからの約束とあって宗祇が実隆邸に来て、『伊勢物語』の講釈を行っている。初段より武蔵野の煙の段までを二〜三日ごとに七回に渡って講じている。聴衆は、中御門黄門、滋野井前相公等の公卿、上乗院などの僧侶、伊勢氏などの武士、肖柏など七〜八人であった。講釈が終わって実隆は、謝礼として檀紙十帖、布一段を宗祇の種玉庵まで送っているが、宗祇は辞退している。実隆のお蔭で貴顕の人々に厚誼できたからであろう。この当時、実隆は徳大寺家で行われていた桃源の東坡詩講釈にも熱心に出席しており、一条兼良の「花鳥余情」の書写も行い、精力的に和漢の学に打ち込んでいる。さらに宗祇より『万葉集』十四冊を贈られて、万葉への関心を開いている。

その後、宗祇からは、古今伝授を受け始め、宗祇の死の前年には大体終わっていた。宗祇は実隆を後継者とみなし、旅に出る時には、荷物を実隆邸に預けて、死んだ場合には実隆に譲る旨を言い置くなど、実隆に報いるところ厚かった。学問的な交際のみならず、物質的にも困窮している実隆を助ける所が多かった。明応七年（一四九八）、宗祇は冷泉為忠が赤松則祐に伝授した奥書のある『古今集』を持ってきて、「是赤松家においては重宝たるべきものなり、浦上《うらがみ》の許に遣せば然るべきか、家領の事などにおいてはもっとも然るべきの由これを称す、懇切の儀なり、近来珍重の本なり」と、赤松家の重宝の本を持ってきて、これを赤松重臣の浦上に遣せば、家領の年貢などが順調に入ってくるのでは、といってくれた。実隆は懇切な志に感激している（八月十八日条）。翌八年二月晦日《みそか》、はたして浦上美作守から千疋が贈られている。これは宗祇が恵んでくれた古今本のお蔭と実隆は深く感謝しているのであった。

この時のみならず、宗祇との交遊のおかげで実隆の名声は地方に広まった。宗祇は諸国に旅に出る度に、実隆の色紙短冊を持ってゆき、大名や家臣たちへの土産としている。また、宗祇始め宗長などの連歌師が、諸国の大名と実隆との文化交流や官位昇進などの仲介をしたことは、すでに論じた所なのでここでは省略する。(8) しかし文化的交渉のある大名の力に頼り、荘園所領の貢納物の順調な進納に骨を折ってもらったりするのは、この当時の公家では通常みられる所であるが、実隆はその最たるものであった。実隆は美濃の守護代斎藤妙純の権大僧都昇進を推挙して勅許を得て、「銅臭之吹挙」と自嘲しているが、もって家領の年貢の収納を実現しようとしたのである。天皇家では大名に官位を上げてやれば、その国の御料所の年貢が入るという具合である。それを仲介するのが、大名家に寄宿して文化的なことを指導する公家たちであり、その公家たちのそもそもの仲立ちをしたのは、連歌師たちであった。実隆はそのような文化を売り物にしている公家たちのトップクラスであり、みずから諸国へ下って寄寓せずとも、諸国から連歌師を仲介に頼んでくる立場であったから、貧乏を嘆きつつも独立自尊で何とかやれたのであった。

以上のように、宗祇は実隆に古今伝授をはじめ、和学を教授して、時には実隆家の経済的な助けになる面倒までみている。宗祇の持ってくる進物はどれだけ実隆を潤したことか。時には杉原一束を贈られて「不慮の儀重畳祝著、迷惑相半ばなり」（明応四年四月十五日条）と記すほどであった。宗祇は一条兼良の生活についてもそうであった。(10) 兼良の死後、それに代わる公家として実隆に近づき、実隆の手蔓《てづる》によって、朝廷・貴族社会への親近性を高めたという伊知地氏の見解は妥当であろう。その努力の結果として、准勅選の連歌集としての『新撰菟玖波集《つくば》』の編纂が、宗祇に命じられ、それは明応四年（一四九五）編纂完了して結実する。大内政弘が編纂を勧め、宗祇が思い立ったということは伊知地氏の研究にくわしいが、それを実現するために、天皇の許可を経て、一条兼良の子息、冬良を最高責任者にして、実隆を奉行格にして諸事相談して運んでゆくあたり、方法も勅撰和歌集に則ったのであろう。実隆にすべて相談しないではできないことであった。

特筆すべきことは、宗祇はすべての編纂作業を実隆の監督のもとに行っており、実隆も高姿勢でそれを監視している感がある。准勅撰にせよ和歌集や連歌集が、いかに政治的なものであるかが、如実にわかるものがある。新撰菟玖波集の題名も一条冬良が実隆と相談し、交渉の末、実隆が案を出し、宗祇、肖柏に相談、その可否を宗祇から冬良に図らせ、承諾を得て決定している。序文も正式には冬良が書くことになっており、草案を実隆に見せて検討、実隆も私案を出し、最終的には冬良が書いて完成している。宗祇には途中で見せており、宗祇の希望によって、七十五歳を「八そぢにちかき齢にもをよべり」と変えている。冬良や実隆が加わっていることは、決してお飾りでは無かったのである。

さて編纂の経過を少し見よう。

まず明応四年正月六日、宗祇の庵室で編纂始めを記念する連歌会が行われた。実隆は出席していないが、脇句をつけている。その日の日記に実隆は今日、宗祇法師庵室において、連歌一座興行すべし、発句庵主これを沙汰す、腋《(脇)》の事思う所有るにより、下官沙汰し遣わすべきの由、旧冬晦日これを命ずるの間、一昨日かの法師来臨の時、あらあらこれを談ず。両句の間、何を用うるか未だこれを知らず、左に注す、仍って三重《瓦器物柳》一荷かの会席に遣わしおわんぬ

として、

朝霞おほふやめくみつくは山　宗祇
春に道ある雪の木のした
にゐ桑まゆをひらく青柳
後日懐紙を見るの処これを用う

と記している。発句は庵主が沙汰をするが、脇句は自分が思う所があるので、付けて遣わそうと、旧冬晦日に命じておいた。一昨日宗祇が来たので両句の大体を話しておいた。どちらを用いたか知らないが、瓦器物三重と柳一荷（上等な柳酒一荷とかわらけにもる酒の肴三重）を今日の会席につかわした。そして、後日懐紙を見たところ、にゐ桑の句を用いていた。という意味である。先学のいわれるように、宗祇の所望によって脇句をつけたものではない。実隆の意思で命じたものである。恐らくは実隆の身分からして、脇句を遣ろうというのは宗祇にとってこの上ないはなむけになり、バックに実隆ありと知らせる効果を持ったものと思われる。

天皇からも年々の連歌集一合（一箱）を下されて、宗祇に見させよと実隆に渡され、実隆は静かに草庵で見よと命じている。その他自薦他薦も多かったようであるが、三月二十八日には、宗祇は御製以下大概は選びだしたといって、句数を一紙に注して実隆のところへ持ってきており、実隆は「聊《いささ》か相談のことなど有り」と記している。その後、毎日のように宗祇は実隆邸に現れて、連歌集について相談しており、時には兼載（猪苗代）、肖柏、宗長などもきて談合している。各巻の巻頭を誰にするかということと、入集の句数が問題で最後まで揉め続けている。

天皇でさえ、自分のものはもちろんとして、旧院（後花園天皇）のもの、日野富子と足利義政のものなど、次々と送り込んでいる。結局「凡そこの撰集今日より所望の仁吹挙停止せしむべきの由、昨日治定す」（明応四年五月十四日条）と実隆は天皇にさえ申入れているが、これだけはと押してまた、富子の連歌一合を渡されるという状況である。宗祇に准勅撰の許可を与えるのは天皇であるが、どの句を選ぶかは宗祇その他の地下の連歌師たちに委ねられたわけで、天皇でさえ運動をするという事態が見られ、それは和歌や連歌の持つ文学的主体性を感じさせる。

とはいいながら、この『新撰菟玖波集』は撰集途中から依怙贔屓《えこひいき》の批判が多く、兼載と宗祇との確執は、実隆の仲裁で収まったものの兼載の押す細川成之の句数が少ないということであった。しかし、宗祇六二句、兼載五七句、実隆三三句に対して、大内政弘七五句、細川成之一五句は不釣合で多すぎるといえる。それでも少ないといって揉めたことは大内や細川が、宗祇や兼載のパトロン的存在であったからである。

この紛争については、兼載は神祇伯《じんぎはく》二位を動かし、天皇の上聞に達したので、宗祇は困惑して実隆に相談し、実隆は伏見宮に事情を尋ねており、親王から自筆書状をもらっている。その内容は宗祇にとって安心できるものであったようで、翌日たずねてきた宗祇に、「昨夕親王御方仰せの趣、件の御書を読み聞せしめ、今においては胸衿愁霧を披くべきの由を命ず、もっとも自愛の由称するのものなり」（七月三、四日条）と安心させている。

このように、実隆の日記においては、いつも「宗祇法師来」であり、宗祇に「命ず」「仰す」であった。また宗祇が実隆に書状を出すについては、三条西家家礼（家令）の中沢宛に出し、「但かやうの事存知仕らず候、然るべきの様御披露憑《たの》み奉り候」(11)としているのは当時の書札礼からすれば当然のことである。

しかし実隆と宗祇の交際は単なる師弟とか利益関係とかを通り越して、連歌や和学を通じてのお互いの尊敬の上に成り立つ友情をもっていた。実隆は宗祇が訪れて、連歌の話をしたあとは、よく「其興有るものなり」と書いており、「宗祇法師九州より上洛、今日来ると云々、他行の間謁せず、遺恨々々」（延徳元年九月十七日条）と記している。この謁は一見宗祇を敬って拝謁するように受け取れるが、自分がいうことを「仰す」という当時の日記の書き方でいえば、宗祇に拝謁を賜らなかったということである。そのように身分差をもった表現をするが、宗祇に対する厚情はこまやかで、遺恨々々と出会えなかったことを惜しみ、翌日使者を遣わしてその旨を伝えている。

宗祇と実隆の間で話ができて、『源氏物語』の研究会を実隆邸でもったことがあった（明応元年十一月十五日条）。宗祇が催促をして、やっとこの日に開催の運びとなった。参会者は甘露寺親長《かんろじちかなが》、実隆、宗祇、肖柏、兼載、玄清、宗長の七人であった。参会の各々が問題を四カ条ずつ書いてきて、それを宗長が読み上げ、実隆は「人々陳じ難き趣、粗これを書く」、どこがわからないかということを人々がいうのをざっと纏《まと》めて記述した。そして「陳じ難きは殊なること無しといえども、また興無きに非ざるなり」、大した問題は出ていないが、しかし興味がわかない事はない。そして残った宇治十帖に関する五問題は後日を期してやろうということになっている。研究会はまずまずのものという感想である。翌日にも宗祇はやってきて、その研究会の話をして、実隆は「尤《もっと》も興あり」としているから、研究会が不成功で白けたという芳賀氏の言(12)は当たらない。しかし、この研究会に、実隆は姉小路宰相宗高などの公家を誘ったが、皆故障と言って来なかった。「此物語、当時は更に以てこれを翫《もてあそ》ばず、不便々々、今日の会を人嘲弄を以てするか、且は誠に無益の事なり、委しき旨記し盡し難きものなり」という実隆の以下の述懐はそれに続いており、公家社会を対象にして述べられているのである。公卿の歴々が実隆の呼び掛けに応じて参会しなかったことにかかっている。この物語、すなわち『源氏物語』を今の人たち、すなわち公家たちは玩《もてあそ》ばない。情け無いことだ、だからこんな会を開催するなんて、人たちは笑っているに違いない。たしかに連歌師たちを集めてこんな会を開いたって、何の利益にもなりはしない。そういう詳しい事情は一々書けないが、というような意味であって、文中の「人」はすべて、公家たちを指していると見なすべきである。和学の中心をなす『源氏物語』に公家たちが親しまないことを嘆き、誘っても来なかった公家たちが、笑っているだろう。今の宮廷社会に生きて行くためにはこんな会を開催しても何のたしにもならない、という述懐と解釈したい。

実隆の眼ははっきり宮廷社会を向いている。しかし一方で、宗祇たちが有している和学研究、連歌の高度な世界がわかり、面白く感じる実隆であった。身分観念の強い実隆であるが、一方正直に学問的実力はそれはそれで評価できたのである。何の利益にもならないといいつつ、実隆は宗祇との交遊を高め、『源氏物語』をはじめ『伊勢物語』、『土佐日記』を講義し、古今伝授を宗祇から受ける。この身分は身分として、学問は学問として、評価する態度が、実隆を和学の第一人者とし、公家社会と地下の連歌師を統合しうる人としたのである。

文亀二年七月二十九日、宗祇が相模国で死んだ。その訃報が実隆のもとに入ったのは、九月十六日のことであった。実隆は、「驚嘆、喩を取る物無し、周章比類無き者なり」と悲嘆している。翌年の七月二十六日、実隆は、宗祇法師一廻追善五十首和歌会を営んでいる。「尺教、無常各十五首、懐旧廿首、以上五十首」である。参会した人は、民部卿、中山中納言、甘露寺中納言、飛鳥井宰相、姉小路中将済継朝臣、それに玄清、宗碩などの連歌師が聴聞した。伏見殿、梶井殿、陽明前殿下、前左府などが和歌を寄せている。「但し講頌頗る感有り、亡魂定めて納受すべき者か、嗚呼在世に此の如く結構せしむれば、一喜一懼、詞を尽くすべきの処、隔世声を呑むの条、嘆くべし々々々」と、追善和歌会の感動のさまを記し、亡魂はその志を納受するであろうといい、また宗祇が生きてその場にいたならば、どんなにかこの企てを喜んで、喜んだり、恐縮したり、言葉を尽くして謝辞を述べるであろうに、世を隔て、声無き人となってしまったのは何と悲しいことであろうか、とのべている。普段は簡潔な事実主義で余り感慨を述べぬ実隆の日記であるのに、ここのくだりは実に心が籠もっていて、読む人を感動させる。宗祇との交遊が身分序列を超えて心のつきあいになっていたことがわかる。また宗祇の遜《へりくだ》って物喜びをする愛すべき人柄が窺える。「詞を尽くす」ところがやはり宗祇の行き届いた真骨頂であったのだ。

しかし、実隆が思っていたより、参会者は少なかったらしい。「今日人々相招と雖も各故障、人数無きなり（中略）道において随分報酬を存ずるの間、形の如く此経営に及ぶ、人却って唇を翻すか」と、それについて実隆はまた気分を害している。参会しなかった人々というのはもちろん公家である。というのは地下の連歌師たちは、聴聞したのであってメンバーに入っていないからである。そして連歌師宗祇の追善を連歌会でなく、和歌会にしたのも公家主導の姿勢だとみるのは穿《うが》ち過ぎであろうか。とにかく宗祇が歌道において実隆に報い尽くしてくれたことを感謝して、このように追善和歌会を催したのであるが、人はそれを非難するであろうか、と気にしている。何を非難するのか、現在では理解しがたいが、非難する人は参会しなかった公家たちであろう。とすれば、宗祇のような卑賤の連歌師の追善供養を公卿を始めとして、公家たちが開催するということにであろうと思われる。このように考えるならば、日記を読んでいて身分意識の高さに辟易する実隆でさえも、当時の公家意識からははるかに抜きんでた感覚、行動の持ち主であったことがわかるのである。

5　宮廷貴族と教養

実隆の行動や思想を、和学を中心にみてきたが、実隆の教養はどちらかといえば、漢学が基礎をなし、長じてのち和歌を媒介として、和学に入り込んだといえる。それは明治以後の私たちが、洋学的教養を身につけてのち、日本の古典を学ぶのとおなじパターンである。特に実隆のころの宮廷は、漢詩の講釈が盛んで、すでに述べたように、実隆が『源氏物語』を人々が玩ばずと嘆く状況があった。したがって、思想形成の基礎となる教養がどのようなものでなされたか少し見よう。室町時代の貴族の教育については、すでに芳賀氏の研究にくわしいが、(13)私の視点に即して少し考えてみたい。

実隆の亡母十三回忌の諷誦文《ふうじゅ》によれば「幼少のころには母親が口ずから孝経を授け、長成の日親しく大学に入らしむ」(文明十六年)と書いている。嗣子公条《きんえだ》にも数え年の七歳から、自ら孝経を教え、続いて論語を教えている。また、皇太子勝仁親王(十二歳)の学習の相手として、孟子、論語、大学の復読(読解のおさらいか)を見ている(文明九年)から、幼時の教育は同様のものであろう。実隆は一方で、手習いと和歌に励み、書は一流といわれ、天皇・将軍ともに若い時から書写を命じることが多く、いわばそれが宮仕えの大半を占めた。和歌は二十一歳で飛鳥井栄雅に入門し誓詞を入れている。これも宮仕えの中で絶えず歌合の和歌を詠進させられているから、和歌をよくする事は職務の内となったのである。文明七年彼は蔵人頭《くろうどのとう》になって、天皇の側近になり、和歌、連歌、和漢といわれる漢詩と和歌をあわせたものなどを作り、さらに天皇の注文で小絵小詞（小さな絵詞）などを作っている。しかし、この若年の頃には漢詩も作っていて、原勝郎氏が絶唱と讃えた詩もある。

さて、実隆自身はまじめで学問好きな人で、禁裏をはじめあちこちで開かれる講釈にはよく出席している。例えば文明九年をあげると、三月十四日から二十九日まで、禁裏で開かれた仏陀寺邦諫《ぶつだじほうれん》の阿弥陀経談義に出席、五月には二尊院で二十一日から二十七日まで続けられた有観経の講釈を一日休んだだけで他は全部出席している。七月十一日、十二日には宗祇の種玉庵での『源氏物語』第二巻の講釈に出席、十月には同じく種玉庵での正宗龍統《しょうじゅうりゅうとう》の三体詩集絶句の講釈を聴聞し、十一月には、自宅に天陰龍沢《てんいんりゅうたく》を招いて長恨歌《ちょうごんか》の講釈を聞き（十一月四日条）、十二月には種玉庵での正宗の三体詩講釈を聞くと言った具合である。従って、その教養は儒学、漢詩文、仏教、和学の入り交じったものと言えよう。漢学系のものをあげると、禁裏における蘭坡景茝《らんぱけいし》の三体詩講釈（文明十一年）、山谷詩講釈（文明十二年八月）、徳大寺家で行われていた桃源瑞仙《とうげんずいせん》の東坡詩《とうばし》講釈（文明十七年）、彦龍周興《げんりゅうしゅうこう》の同講釈（延徳二年）、鸞岡《らんこう》の『文選《もんぜん》』講釈（永正四年）、月舟寿桂《げっしゅうじゅけい》の杜詩講釈などを聞き、伏見宮邸で『十八史略』を講じている。また、『漢書』『後漢書』『周易』などを書写（永正四、五年）している。

このように漢詩文と和学の教養が入り交じっていることが当時の教養の特色である。例えば山谷詩の講釈の後、天皇は一条兼良はじめ実隆ら、廷臣たちに命じて、漢朝の名所、古人を題名にして和歌を詠むということもしている。実隆が命じられて杜甫の詩から和歌の題名を選ぶということもあった。そのもっとも典型的なものが、「和漢」であろう。したがって、漢詩文の素養はもちろん、実隆の教養としてであって、実隆の専門というべきは、和学であったことはいうまでもない。その基本をなしたのは宗祇より受けた古今伝授と『源氏物語』であった。しかし、実隆の考え方の基本のところで、漢詩文の美意識や漢学的なものの考え方が入っていたであろう。実隆の信条が「修身、尽忠、興家、報国」という儒教的徳目であったことにも明らかである。したがって和学においても、宗祇が漢詩文の講釈を自庵に禅僧を招いて聞いていたように、漢学的な考え方を基本として、その考え方を媒介として論じるといったところがあったと思われる。例えば明治以後の日本の教養人が、ヨーロッパ的な近代教養主義を媒介として思考経路を作っていったように。しかしその点については残念ながら、後日の課題としなければならない。

ここで触れておきたいのは、女性との問題である。和学の中心たる『源氏物語』は女性の作った物語であり、それを中心として講釈する宗祇、実隆はそのことをいかに意識していたか、ということである。日本の古典文学は女流文学を主流としているが、「それは男性学者の目で評価され、手を加えられてきた。つまり男性に専有化されてしまった」、決して女流としての伝統は受け継がれていないという解釈もある。(14)わたしは女流は女流として意識していて、『問はず語り』などもその伝統のなかで書かれていて、樋口一葉までその影響はあると考える者であるが、それはさておいて、古典和学を研究する男性としてはどうか、という点をここでは問題にしたい。

実隆でいえば、彼の『源氏物語』に対する態度は、日記で読むかぎりでは、その作者の性を意識していないと受け取れる。その「性に対する無意識」には、性別を黙殺してしまった上での無意識すなわち、「男性に専有化されてしまった源氏物語」というものもあるが、実隆の場合は必ずしもそうではなくて、男女の差別よりも、身分の高低による差別が優先している。将軍御台所や皇女出身の尼などに御機嫌奉仕をし、義妹は天皇生母でそのお蔭もあり、朝廷の高位の女房たちと日々折衝している毎日であるから、その意味で男女の性別はそれほど意識に強くのぼらなかったのであろう。いわば宮廷というものは、力こそ衰えているが旧例墨守で、基本的には『源氏物語』のころを理想と見る世界であるから、女が書いたものという点に抵抗はなかったのであろう。恐らく『源氏物語』の解釈もこのような時代の兼良や実隆と、近世の本居宣長など、そして近代、現代における男女性別観の違いによって異なる見方があると思われるが、それは私の能力をこえる問題である。

実隆に話を戻すと、このような宮廷の身分の高い女性と、家に入る妻とは扱いは別であった。それは公家社会一般の通念でもあった。天皇生母といえども女房であり、宮生母といえども「仕女」であった。(15)位や門院号を与えられて始めてその処遇が変わる。摂関家の内室以外は位が与えられていないから、家室の地位はその意味では低いのである。官位序列意識の厳しい実隆には当然、妻は夫の従属物として従順たるべきものという道徳観があった。新婚間もない妻に毎日古今集十首づつ暗唱せよと命じているのは、その最たるものであった。そしてその建前は一貫してあり、既にのべたように、政治の複雑ななかでそれを考えぬ妻の行動を激しく非難する場面もある。しかしおおむねは持参所領つきの正妻であり、家計不如意で多数の使用人のいる家の切り盛りで、妻に苦労をさせていることから、だんだん頭が上がらなくなっている。絶えず家計についての妻の愚痴に悩まされ、八月一日に、目下から目上に進物する風習の「憑《たのむ》」を、戯れに妻に遣わすなどの場面もあり、家政を取り仕切る妻に、弱点を握られていく様子が日記から窺える。また、実隆両親の墓は別々のところにあるが、実隆は生前、夫婦同墓を二尊院に作っている。まさに偕老同穴《かいろうどうけつ》である。

以上、三条西実隆の処世観について述べてきた。しかし、これは一公家貴族の単なる性向なのではない。これは典型的な朝廷貴族の方向を指し示すものであった。実隆が生活のためもあって、宗祇をはじめとする連歌師たちを媒介に、諸国の大名やさらに全国津々浦々の土豪たちの和歌の添削をし、『源氏物語』その他の書写を売り、古今、伊勢について講じ、色紙短冊を与え、さらに、勧進帳、縁起の類を作ったり、書いたりしたこと。そしてそれらを通じて、知り合った大名たち、土豪たちの名目に過ぎぬ官位を斡旋したことは、文化を通じて、諸国を組織したことになるのである。それについてはすでに別稿で述べたことなので参照していただきたいが、源氏、伊勢、古今というものが、天皇中心の宮廷文化であり、連歌の貴族文化への結合が進んだ以上、その全国的な武士への普及は、天皇を核とする求心化への役割を果したのである。[16] 実隆は吉田兼倶と同調せず、兼倶の吉田神道の編成は、神道の滅亡をもたらすという中御門宣胤の正論に同調しているかに見える。しかし、吉田神道が諸国の神々や神官を編成していったことと、結局は同じ動きを果しているということに実隆は気付いていないのである。戦国末期における衰微の極に達したかに見える天皇家が、逆に権威をもってくるのは、戦国大名の文化的編成を結果として果したからといえるのである。いわば中央を象徴する宮廷文化の諸国への普遍化・一般化が天皇権威を支えたのである。

注

（1）脇田晴子「戦国期における天皇権威の浮上」上下『日本史研究』三四〇・三四一号、一九九〇、九一年。改稿して本書一〜四章。
（2）脇田晴子『日本中世都市論』東京大学出版会、一九八一年。
（3）原勝郎『日本中世史の研究』所收、同文館、一九二九年。
（4）芳賀幸四郎『三条西実隆』吉川弘文館、一九六〇年。『芳賀幸四郎歴史論集』（思文閣出版、一九八一年）収録の諸論文「中世末期における地方文化の胎動――三条西実隆を中心としてみたる――」「三条西実隆の万葉研究」「中世末期における三条西家の経済的基盤とその崩壊」。
（5）伊知地鉄男『宗祇』青梧堂、一九四三年。
（6）芳賀前掲『三条西実隆』。

（7）赤瀬信吾『百韻連歌懐紙　曼殊院蔵』解説、京都大学国語国文資料叢書、臨川書店、一九八四年。
（8）脇田前掲「戦国期における天皇権威の浮上」。
（9）伊知地鉄男前掲『宗祇』。
（10）伊知地鉄男前掲『宗祇』。
（11）伊知地鉄男前掲書二八四〜五頁所引「和中金助所蔵文書」。
（12）芳賀前掲『三条西実隆』。
（13）芳賀幸四郎「室町時代の教育」『中世文化とその基盤』前掲『芳賀幸四郎歴史論集』。
（14）ミヨシ・マサオ「フェミニズムと日本文学」『日米女性ジャーナル』一一号、一九九二年。
（15）脇田晴子『日本中世女性史の研究』東京大学出版会、一九九二年。
（16）脇田前掲「戦国時代における天皇権威の浮上」。

八　食器の語る公武の関係

1　食器から文化を読み解く

最近の中世考古学の発掘による中世土器や国産陶器、輸入陶磁器の発掘は目をみはるものがある。中世の庶民まで含む陶磁器の使用度は、今までの中世社会のイメージを変えるものであった。ところが土器《かわらけ》については、陶磁器とは異なる粗雑な食器というこれまでの印象とは違った、儀礼用の用途が最近、注目されてきている。(1)

文献の方からも、藤原良章氏がつとに、饗宴の場や呪術的な用途における清浄な土器の性格に注目されている。(2) また、野場喜子氏が平安時代の貴族の饗宴における土高杯、様器、土器の階層差をもった使用について考察されている。(3) 鋤柄俊夫氏は考古学発掘の成果と文献の双方から、足利幕府を中心とする武家儀礼の「式三献《しきさんこん》」の儀礼などでは、土器が儀式の主役であって、当時多く輸入されていた中国陶磁器などが食器の主役を勤めていないことを論証されている。

しかも各地の大名権力の饗宴の跡には、土器が廃棄されていて、手づくねの京都型土器の出土が見られる遺跡が、大きな比重を占めているという。(4) すでに平安時代から楠葉土器などが、各地の摂関家領荘園などから出土するという動きが注目されていたが、(5) その傾向は中世後期になって大きくなったといえよう。

輸入陶磁器や瀬戸・美濃窯などの立派な製品より、儀式的な場では簡素で素朴な土器が重要視されるのは、どういう理由によるのであろうか。これこそ、中世後期の文化の特色を解く鍵となるかもしれない。なぜ、輸入陶磁器や金銀器によって贅《ぜい》を競わないのであろうか。やはり、土器が使い捨てによる清浄さによって尊ばれるのであろうか。いわれるように、古来以来の神道的な呪術的な清浄さの象徴としての性格をもつためであろうか。

足利幕府は文化的には、公家文化とは同一化の傾向を示し、戦国期には天皇は文化的権威を浮上させるから、天皇・朝廷の貴族文化の伝統が、武家に影響して、贅を尽くし、銀器や輸入陶磁器をふんだんに使用できる武家においても、富の無い朝廷・貴族と同じく、儀礼などにおいて土器を主食器とする文化的伝統がつちかわれたかも知れない。それこそ文化的に最上のものであると文化的権威のある公家貴族に暗示を懸けられたのかも知れない、などと私は憶測をたくましくしたのである。

したがって本章の目標は、平安時代からの王朝貴族文化から鎌倉・足利時代にいたる公武の文化のなかで、食器がどのように変遷して、「式三献」をはじめとする土器文化ができていったか。それは朝廷文化の美意識、または伝統儀礼を武家文化が模倣したからか、武家で育まれた文化なのか、またそれは何を示すのか、といったことを考えてみたいと思ったのである。いわば、土器―食器を例とした文化意識、身分意識を考えてみたいと思うのである。それにはまず、儀礼を中心に考察して、その意識のあり方を見ることが肝要であろう。

2　鎌倉期にいたる天皇家の食器に見られる意識

永仁三年以後の記録と目される『厨事類記《ちゅうじるいき》』には、第一に「内御方」と「院御方」「春宮御方」「后宮御方」などの宮廷の食膳についての規定を書いたもので、昼御膳・朝餉《あさがれい》・日貢御膳・腋御膳・仏名御膳・元三御歯固・御節句・殿上台飯などの食事・食器の詳しい規定が見られる。奥書から御厨《みず》子所《しどころ》の紀氏の記録といわれている。(6)

さてそこで、「内御方」と称される天皇の昼御膳であるが、

内御方。

昼御膳

高盛七坏。平盛一坏。御汁物二坏。土器。焼物二坏。

已上。魚味。土器に盛る。内膳司を以て進むる所なり。近年日別蚫二連これを添う。旬に当る番衆、御厨子所においてこれを請取り、盛り進むるなり。(下略)

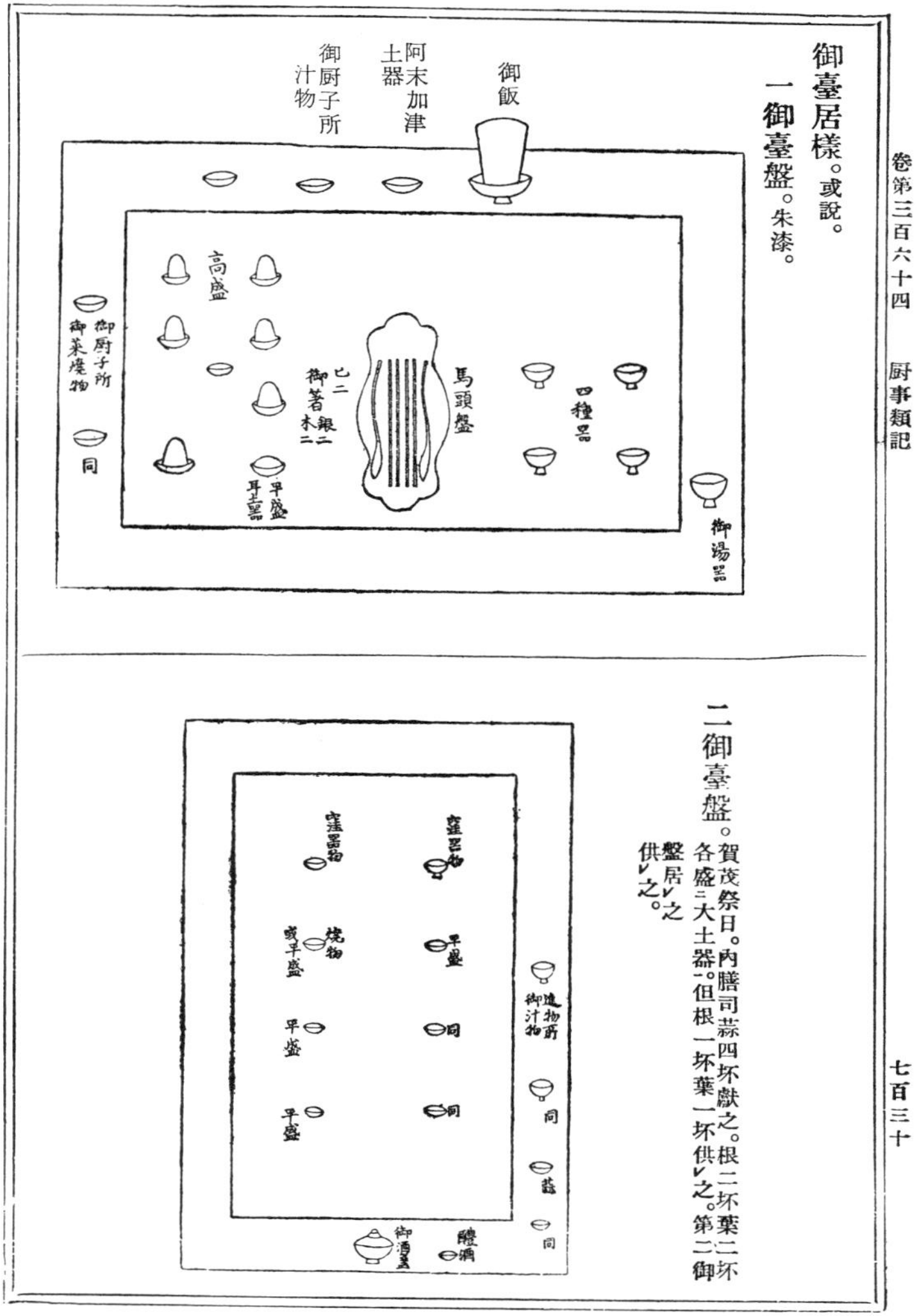

図29　内御方御台居様（『厨事類記』）

これには図がついていて、右のごとくである（図29）。

以上の文中には、土器の注記があるものは汁物二坏と魚味のみが土器であるが、図の一御台盤では「平盛耳土器」「阿末加津《あまがつ》土器」が土器である。他の容器は後述の物から見て、銀器ではないかと見られる。二御台盤では、賀茂祭の日には大土器に蒜《ひる》四坏を根と葉を別々にして盛って供する事が注記されている。

ところで『厨事類記』と同時期の鎌倉中期成立と見られる『世俗立要集』には、この文章がなく、図のみ描かれていて、若干の相違はあるが、大部分は変わらない。ただ、その後へ「御精進ノ時、御菜十種シル物二坏也。白瓷自余ツネノ如也」とあるところが違う。すなわち仏事のときは白瓷《はくじ》を用いたと見ることができる。

以上では、土器の注記がない部分が、はたして銀器かどうかは確定できないが、『厨事類記』では、「記云」として、

昼御膳。

一御盤。四種。銀器。御箸二雙。銀。匕二支。同。木箸二雙。

二御盤。御飯在り　蓋銀器。（以下略）

とあって、その御盤に居《す》える次第が、図示されている。左の如くである。この図は『世俗立要集』にもあり、細部に若干の相違はあるが、内容は全く同じである（図30）。

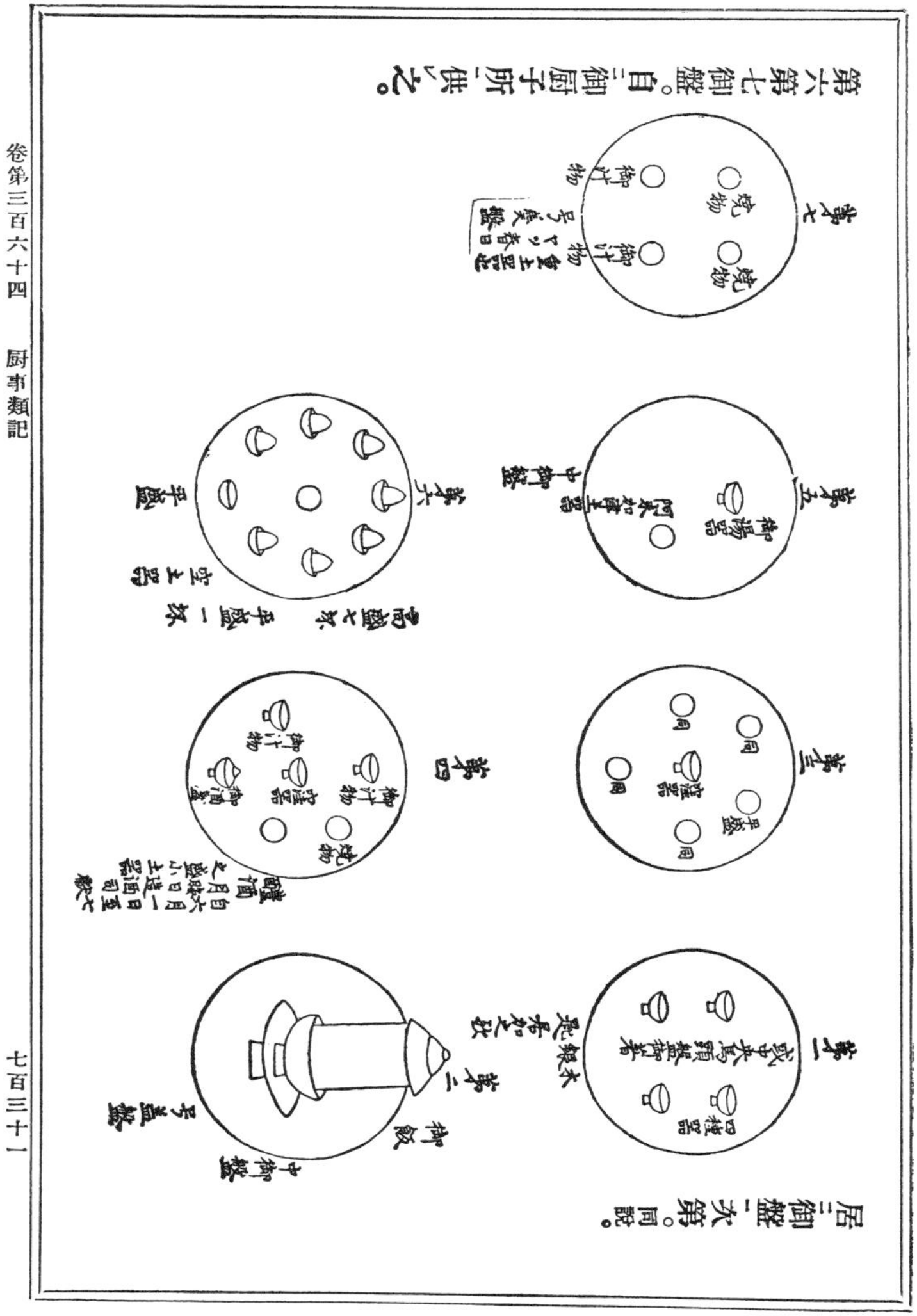

図30　内御盤次第（『厨事類記』）

すなわち、一の御盤は、四種器と箸と匙《さじ》が銀器、それにもう一対の木箸がついていた。二〜四の御盤はすべて銀器、五御盤が御湯器が銀器で、「阿末加津土器」のみが土器である。六・七の御盤のみがすべて土器にもられ、六・七の御盤は御厨子所より弁備された。その容器の寸法が書かれているが、それは「記」と「或記」と「或説」では寸法が若干違う。時代によって相当の変化があったことがわかる。

この「昼御膳　台盤以下雑器事」は「延喜内膳式云」として、

朱漆の台盤四面　二面尋常料
　　　　　　　　二面節会料
黒漆の台盤二面　潔斎料。
金銀朱漆の瓷雑器（以下略）

と規定されている。しかしこれが書かれた時は、

今案ずるに。件の雑器等。本司蔵人所にて請け御膳宿進め置く。毎日供御御膳二箇度の時。采女等件台盤二脚を舁き。中殿御座の前に居えるなり。金銀器というは。御膳器盛るなり。近代金器無く銀器を用うるなり。朱漆瓷雑器は。御菜料を盛る器なり、近代土器を用う。又朱漆盤丸盤を以てするなり。七枚供御を運送するなり（以下略）

とあって、金銀器が銀器のみとなり、朱漆瓷雑器が土器に変わったことがわかる。

したがって、土器を使用するのは、原始や古代からの風習というのではなく、延喜式以後のある時期に変わったと言えよう。しかも「御厨子所式云」としては、一御盤から五御盤までは、銀器であり、六・七御盤は「盛朱瓷」とされていて、土器に代わる前の姿を見る事が出来る。ただしこの「朱瓷」というのは、「延喜内膳式云」の「朱漆瓷雑器」と同じことで、朱漆を塗った瓷器ということなのか、「朱瓷」という瓷器があったのかはわからない。考古学の吉岡康暢・森島康雄両氏に聞いたところでは、発掘品にないそうである。とすれば、この「朱瓷」は実態がわからなくなった時期に書かれたと思われ、鎌倉末期という本書の成立時期には、土器が使用されて、「朱漆瓷雑器」の意味がどうでもよくなっていると理解することができよう。後考を待つ。

したがって、絶対に土器であるのは魚味の場合であって、しかもそれも御厨子所式の規定では朱瓷であった。それが土器に代わったと言えるのである。

「朝餉御膳」については、魚味については土器に盛ることが規定されているが、他については言及されていないのから見て、銀であろう。「記云」では、窪器二・箸一双・同台・匙と御飯が銀で、もう一双の箸が木であった。そして他の一御盤の高盛七種・平盛三種、二御盤の高盛八種・平盛二種はすべて土器となっている。そして「或記云く」では「御精進の時。十種御菜。御汁物は二坏なり。白瓷自余恒の如し。（以下略）」とある。

「日貢御膳」は

御菜十種。魚味八種。精進二種。土器に盛る。
六斎等の日は、又居え交ぜなり。魚五坏。小預これを備進す。精進五坏。内膳司進むる所なり。
各土器に盛り紙立在り。納櫑子御膳持これを持進む。小預御厨子所に於いてこれを請取る。直
酢器。深草土器にてこれを供す（下略）

「腋御膳」は行幸の出御の時のものであるが、御台六本で「已上土器に盛る」とすべて土器で、二・三・四の御台は魚味で「紙立。耳土器に盛る」とある。(7)節会《せちえ》などの場合より、普段の場の方が、土器の使用度は多い。決して土器が正式というわけでもないことがわかる。

また、「殿上台飯《(マヽ)》」は菜料は高盛魚八種、精進二種であるが、すべて土器に盛られている。春宮《とうぐう》御方、后宮御方、女院御方もこれに準じている。院御方については、あいにく、欠文になっているが、春宮と似たものであろう。

春宮方の殿上大盤は、「記云」として、
熟食。庁より給す料米を御炊所において下に注し、之を請して持参す御菜魚味二種を高盛にす。

御厨子所にて之を進す、　精進物一種。上刀自《かみとじ》之を進《まいら》す　汁之に同じ。湯漬菜一種。同前。酢塩箸。

庁より給う料物所下部之を進ず　酒粥庁自り之を進ず。

土器大十口。小三十口。同前。

已上主殿司之を請けて。之を弁備す。

とあり、「夕台盤」もすべて「土器八種」に盛り分けて、「御膳」を供えてのちに居えられた。以上、見てきたように、金銀器が銀器となり、「朱漆瓷雑器」が土器に代わっていった。次により略式の場合には、土器が多いといえるであろう。そして、臣下の台盤の場合には、すべて、土器に盛られたのである。したがって、土器は決して、清浄で神聖なものと認識されたのではなく、金銀器や朱漆瓷雑器がハレの道具であるとすれば、ケのものであり、または身分上下でいえば、下目の位置を占めるものといえるであろう。

それでは次の問題は、これらの土器が、清浄で神聖であるという価値の転換が行われたかどうかということである。それを考えるための一つの問題として、「阿末加津土器」がある。これのみは一貫して土器である。すなわち「あまがつ」というのは天児、天倪などと書かれる人形のことで、形代として凶事を移しおわせるものである。その土器というのは、やはり玉体安穏《ぎょくたいあんのん》を願うものであり、呪術的色彩が強く、初期からこれのみが土器として一貫している。清浄で神聖なものとしては、これが挙げられて、他の土器とは性格が違うと見なければなるまい。酒盃が中世では一貫して土器であったことは、この「阿末加津土器」の伝統に求められるかもしれないが、この「阿末加津土器」の性格が、他の土器に敷衍して、土器一般の性格になったかどうかが問題である。「阿末加津土器」の祭祀的性格と一般の土器とは性格が根本的に違ったのだ、土器には両面性があったのだと考えられ、食器が土器であることは、他に理由があると見なければならない。

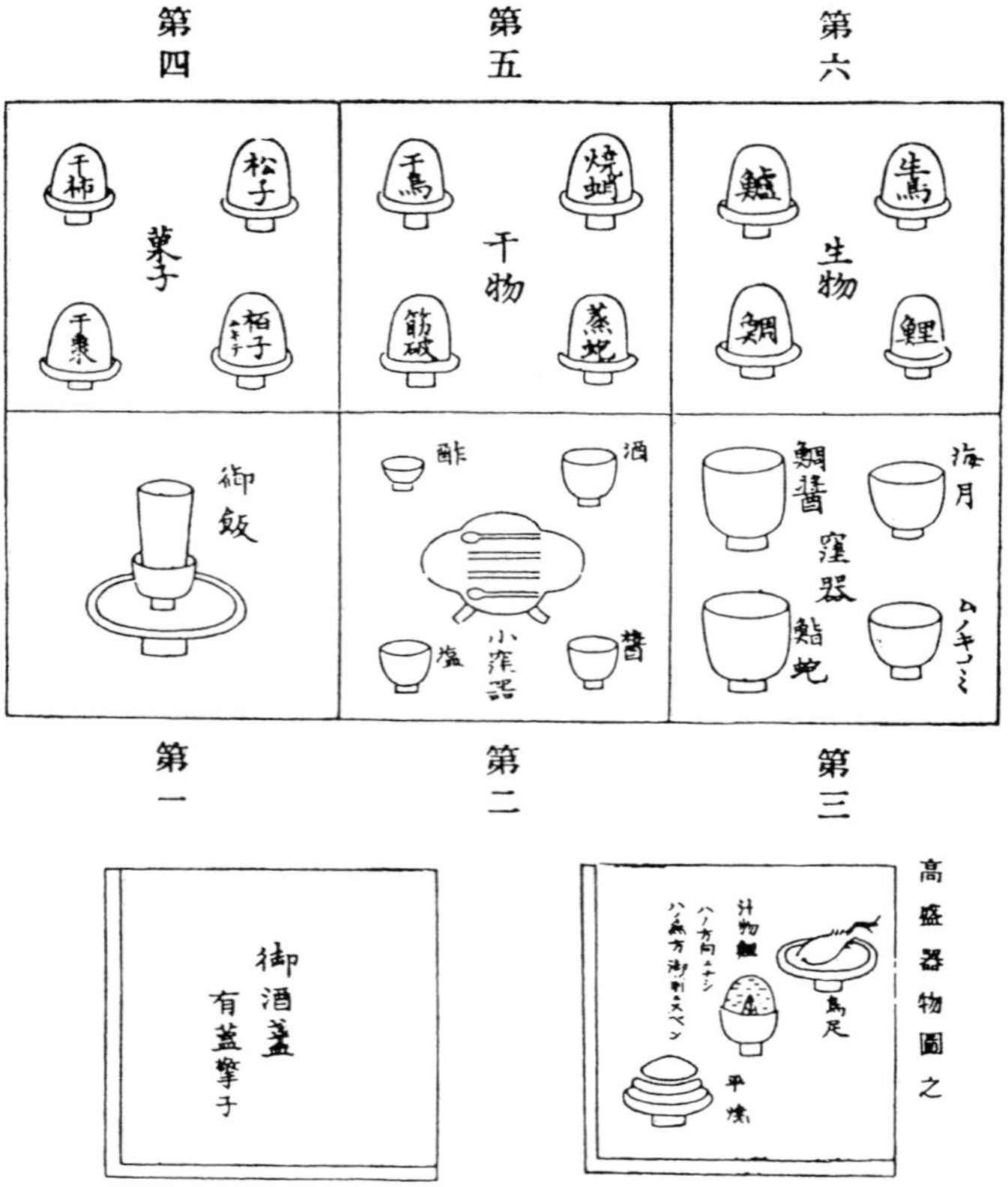

図31　「法皇御幸九条殿饌物雑記」付図

室町・戦国時代の天皇家の正式・日常の食器については、記録的に明らかではない。後述するように、「土器物《かわらけのもの》」などの一般の公武の家来と同じようなもので、酒肴を行っているが、感覚的に何を最上とし、何を正式としたかがわからない。それを類推させる一つの史料があった。享保七年三月二十七日の霊元（識仁）院の『法皇御幸九条殿饌物雑記』である。九条前関白輔実公亭への「御幸御膳、懸盤六脚、儲け居うる次第」として（図31）、

享保七壬寅年三月廿七日壬子　九条前関白輔実公亭識仁霊元　御幸御膳懸盤六脚儲居次第

御打敷表青地小紋錦、裏平絹二藍打輪也　在㆓上差㆒青玉㆒長八尺三幅也　但以㆓金尺㆒定㆑之

懸盤六脚図

御膳色目

御打敷紺地小紋錦打裏ニ藍有㆓玉上差㆒

一　第一ノ御膳第二ノ御膳ト称ス　皆倣㆑此　御飯御器皆銀器也

二　四種四種共ニ塩梅ヲ加ヘズシテ銀ノ窪カナル御器ニモル

酢酒　塩醤　馬頭盤銀御箸一双木御箸一双　銀ヒ一支木ヒ一支

三　窪器　海月割テ少シ塩梅ヲ加ル也　モ、キコミ雉鴨ニテツクル鳥醢ナリ民間ニ云　タ、キト云様ノモノナリ　其鳥ノ品ハ時ノ包丁宜ニ従フ

四　菓子四坏　松子　柏子　干柿民間ニ云枝柿也　干棗

五　干物四坏　焼海蛸子　蒸蚫　千鳥塩鳥也　筋破鮭ノ肉ヲ干タル也　此四種少ヅヽ塩梅ヲ加テ之ヲモル

六　生物四坏　鳥　鯉　鱸　鯛此四種モ庖丁ヲ加へ、少宛塩梅ヲ加、

七　居ニ折敷一　御汁物　鯉　追テ出ス義也追物於毛牟幾別足　此二名共ニ焼物ト云ガ如シ、肴ノ品ハ庖丁ノ時ノ宜ニ従フ、

八　御酒盞居ニ折敷一在ニ台幷盞一

九　御銚子銀片口入御酒

御飯のところにではあるが、「御器皆銀器也」とあり、四種のところにも「銀ノ窪カナル御器ニモル」

とあって、江戸時代のこの時でも、公家社会では、正式の帝王の御膳は銀器と考えられていたことがわかる。

しかし、天正十六年（一五八八）豊臣秀吉が聚楽第に後陽成天皇の行幸を迎えた献立は、大部分が土器である（「行幸御献立記」）。「かはらけ志きしかみ」「五と入輪金」「かはらけわ金」「あいのものわ金」等が見られる。今、例として初日の御献立ての史料のみを出そう

天正十六年卯月十四日　行事之引於ニ聚楽城一太閤様御申

初日御献　　小出播磨守御賄

初献　すし金銀きそく　桶絵有金　ぼうざう五と入輪金　箸台

けづり物かはらけ志きしかみ

二献　かいあわび金　くらげいけはく　鯛

からすみ志きし紙金

三献　とつさか志さしかみ金　御そへ肴くもたか　同

酢大根　まんぢう

余献　かまぼこ きそく金かく
　　巻するめ 志きしかみ　えび 船盛いけはく　鴈 かはらけわ金　同
五献　かたのり 志さしかみ金　御そへざかなさしみこい　六献　いか 志きしかみ金かく　すし 同前　鶴
　　すり物 きざみ物 同　蒸麦　はむ わ金
七献　一川物　鯉
　　以上

御幸を迎えた最上の晴れの場でも土器（かわらけ）が、正式の器物と考えられていたことがわかる。したがって、秀吉は、幕府＝武家の式法を踏襲しており、しかも、土器を載せる輪に金を施して贅を表現しているといえよう。

公家社会と武家社会では、歴然とした儀礼の習俗の違いがあり、主客が天皇であっても、それぞれの儀礼によった事がわかる。

したがって、最初に想定したのとは違って、土器文化は武家儀礼に根ざしていて、決して公家社会のものではなかったといえよう。

3　武家の土器文化

それでは、「式三献」に代表される土器を食器の主流とする饗膳の儀式は、何に基づいているのであろうか。天正八年の伊勢因幡守貞和の『天正年中御対面記』には、

一式三献。禁裏様ヘハ御用なく候

とあって、天皇家では「式三献」を行わなかったことがわかる。しかし、天皇家が用いなかったといっても、それは公家社会で行わなかったということではない。

『看聞日記』にも永享八年八月二十九日条に、「室町殿」将軍足利義教の渡御の記事に、

予会所の縁ニ出で待ち申す。客人光臨著座す、会所東に著座す、予西に著座す三条中納言御折紙を持参す、万疋次役送永豊朝臣、御盃を持参す、先ず式三献有り、

とあって、宮家の場合にも式三献を行なっている。しかし、これが武家を迎えての儀式であるからか、公家も同様なのかはわからない。王朝時代から公家社会には、三献の儀礼はあるが（『台記』）、室町期の「式三献」との関連性はわからない。またそれが土器を主流とするのかどうかもわからないのである。

『厨事類記』と同じく鎌倉中期と見られる沙門正玄集記の『世俗立要集』の「飲食部」は、「帝王昼

御膳図」「同御盤図」から始まって、公卿・殿上人・滝口の武士・武家にまで及んだ儀礼的な食事のありさまや飲食の仕方を略述したものである。筆者は「沙門正玄」と書かれ、僧侶の立場から世俗の事を書いたといわれる(8)が、後述するように、幕府の「大盤」（垸飯、以下、当史料にしたがって大盤を用う）を勤めたときの工夫を書いているのから見て、大盤を勤める程の武士の隠居と見られる。

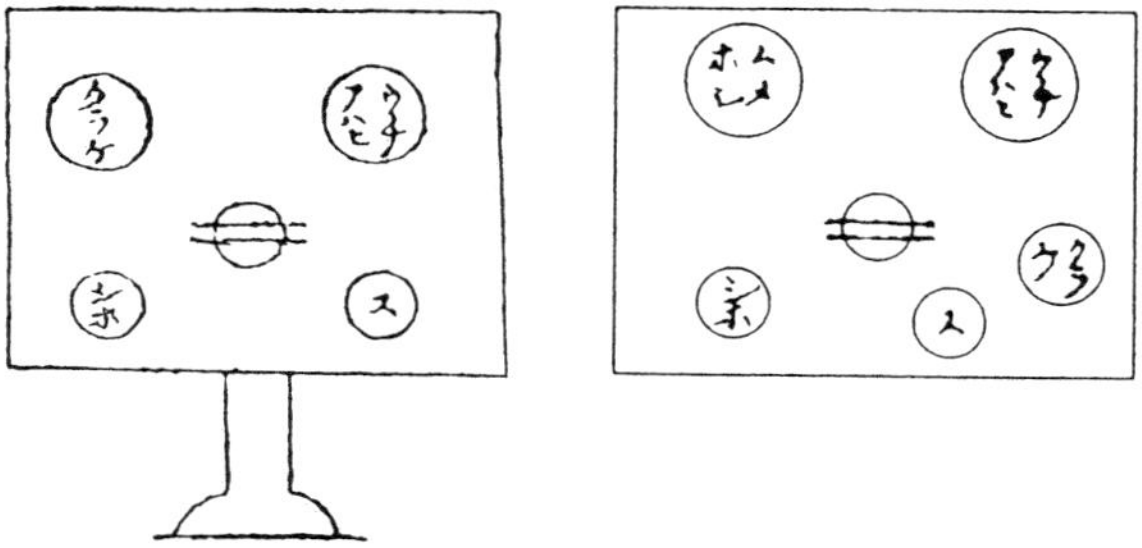

（蔵人所滝口ノマチザカナ）　（武家ノサカノノスエヤウ）

図32　武家の肴の居様（『世俗立要集』）

さて本書は『厨事類記』の記述と似通った帝王の御膳の記述の続きに、

一酒肴ノヤウ。　二本ツチタカツキ。ヲシキ

と記し、

一公卿ノ前。　二枚
　ヲシキ。ツチタカツキ。
一殿上人膳一本　折敷。
　ヲシキ。ツチタカツキ。

と記している。これはすでに、野場氏が書かれた『平範記』にあらわれるものと大体、同じである(9)が、残念ながら食器に付いての記述はない。

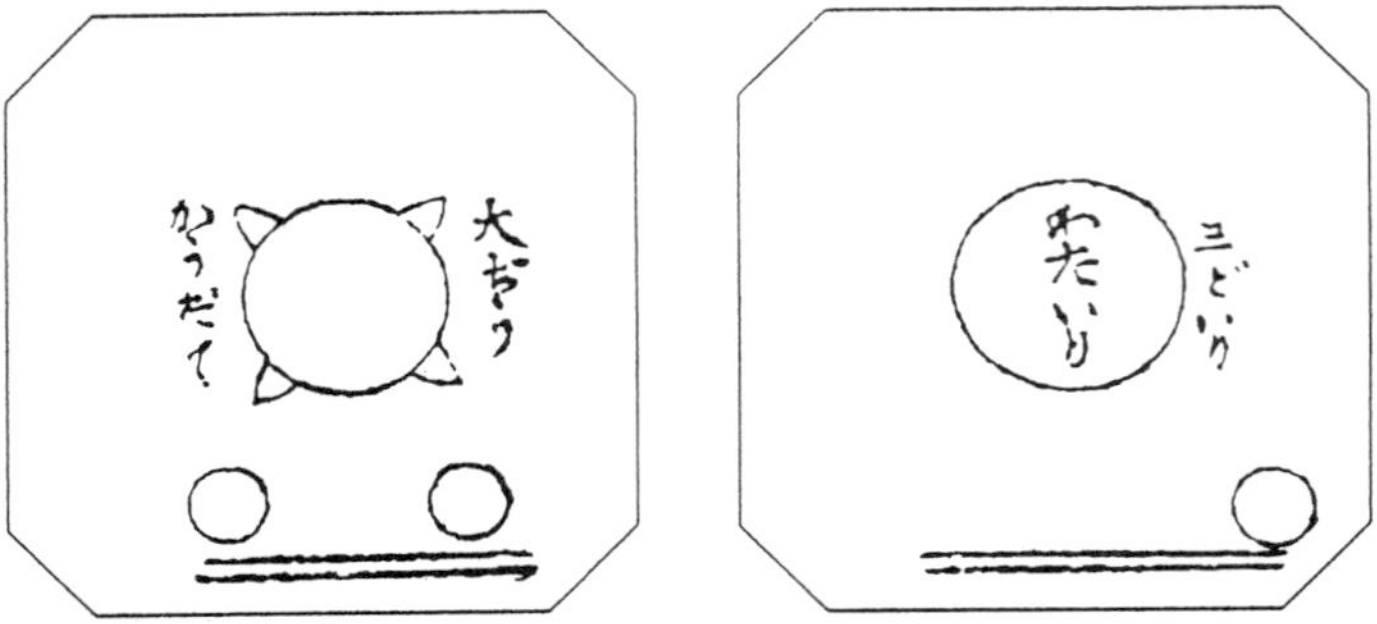

図33　式三献図（「食物服用之巻」）

図34　武家の食事（『酒飯論』）

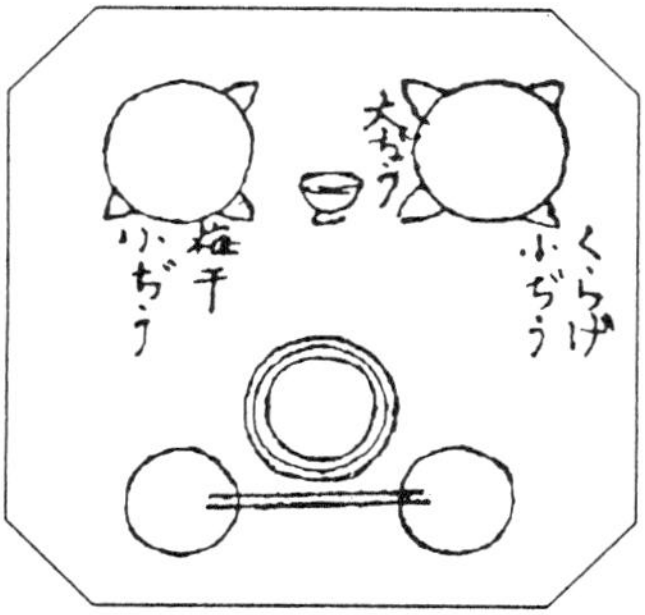

興味深いのは、蔵人所滝口と、承久以後の武家の肴の居様といわれるものが、梅干しの有無にのみ差異があり、他が同じことである。

一蔵人所滝口ノマチザカナ。

マチザカナトイフハ。事ヲスル日イマダヨラヌサキニ。ザセキニスヘマウクルナリ。高ツキ廿前ヲ中ヲ人トヲラヌヤウニ。タカツキノツメヲアハセタルガゴトク。カタカナ十前ニテ。二行ニスフベシ。人一人マヘニ一本ナレバ。アヒヲヒロクスフベシ。

ヲヒザカナ三献内。

ハジメノ一献。クラゲウチアハビ。ニテ。

次。ウチミ。ツキ。時ノ美物。

サテ三献ヲハリテ。トリアゲテ饗ヲスウ。


すなわち、滝口の場合は、待肴として、高坏を二列に十膳ならべて、追肴として持ってでて、はじめの一献はクラゲとウチアハビで行い、次には「うち身」で、そしてその時の美物で三献を行うのである。その三献が終わって後、饗を据えるとされている。そして武家も、梅干しを入れたことを除いて

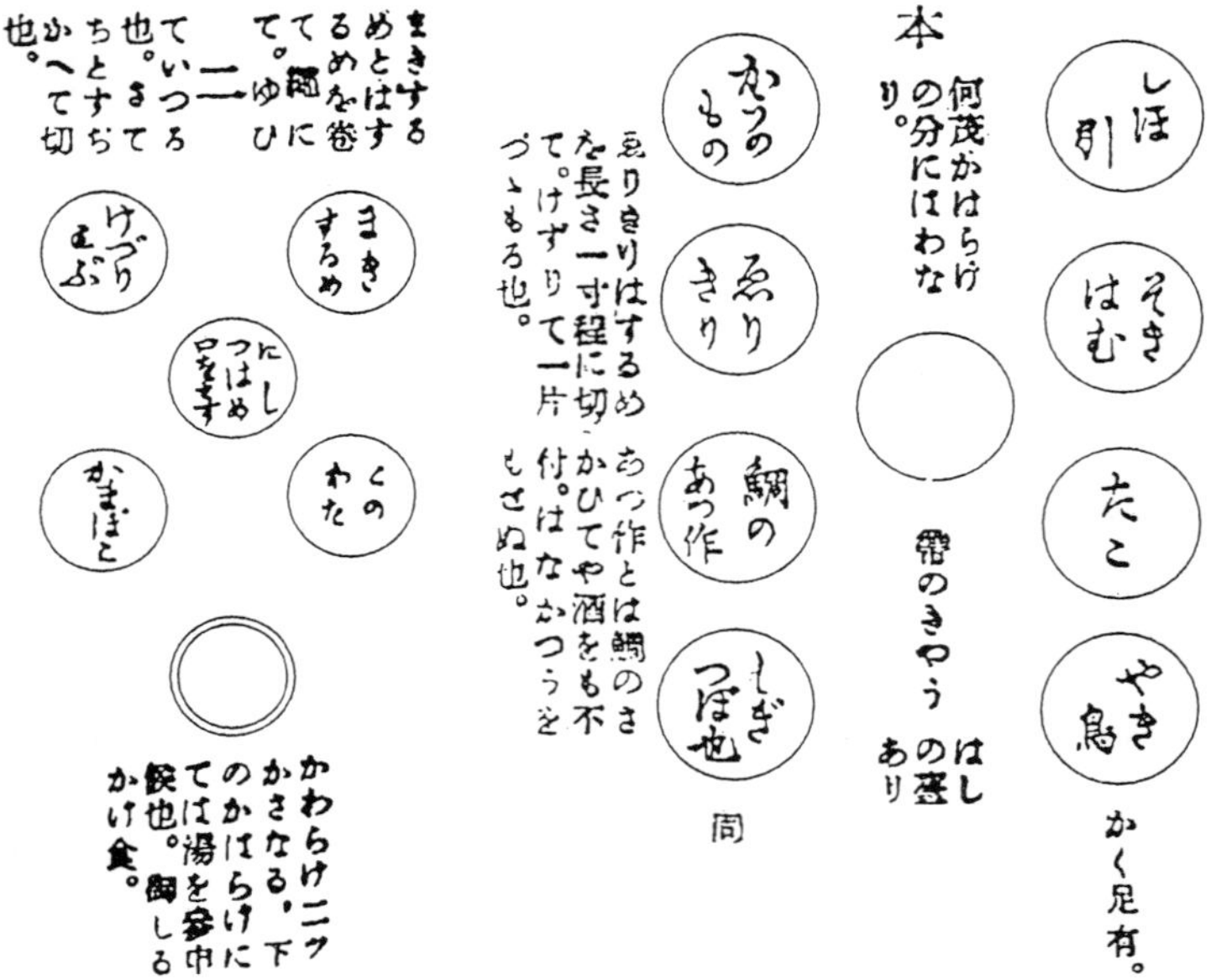

本・二・三膳（「式三献七五三膳部記」）

は、それを踏襲したようである。

筆者は、梅干しは僧家の肴であるのに武家に用いられるようになったのは、中国で鴆毒《ちんどく》の予防に梅干しを置いたのに始まるという。

　而ニ日本ニハ鴆酒ナシ。彼梅干ヲ肴ニスフベキナリトモ。上ニスフル事如何。式ノサカナニ精進ヲモチイル事。イリ豆ノ例歟。縦《たとい》梅干ヲスフベキナリトモ。クラゲラ（等）スヘラレタル所脇ニスフベキカ。予元日ノワウバンツトメタリシハサゾスヘタリシ。ウメボシノ所ニ。クラゲヲトリカヘタリ。

と、筆者は幕府の大盤を勧める程の武士であるが、日本には鴆毒はないので、

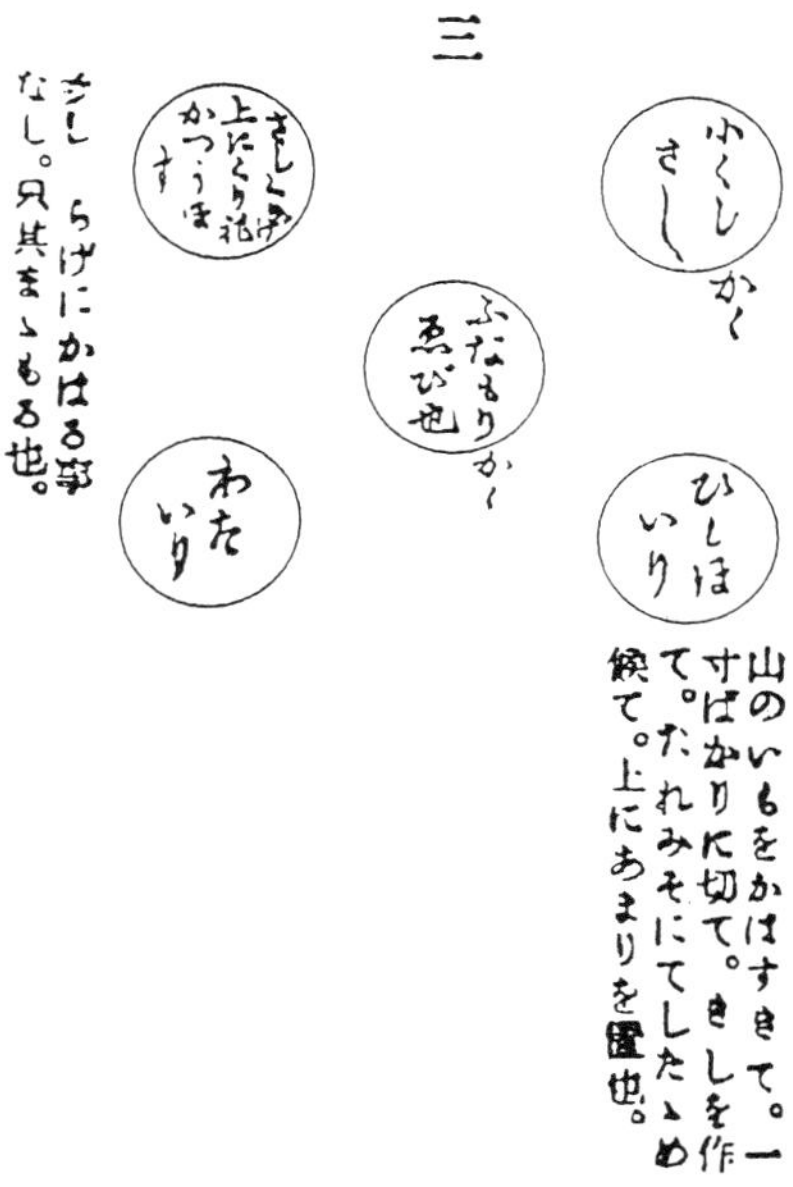

図35　七五三膳部の

上に居えることはおかしい、式の肴に精進を用いるのならイリ豆が例であろう。自分が正月の大盤を勧めた時は、クラゲの脇に置いたと、得々としている。それは同書に、

公事ノ時ノ式ノサカナ。
イリマメ。ワリカヅラ。
本所蔵人所ノ初参。諸家ノ吉
書カクノ如シ

とあって、その蔵人所の例を踏まえているのである。

以上から見て、武家の大盤などの式の時の肴の居えようは、蔵人所滝口の武者の肴の居えようを踏襲していることがわかる。すなわち武家の儀礼は、滝口や諸家の侍の儀礼のあり方を踏襲・拡大しているといえるのである。食器を始めとする調膳具にも身分階層的秩序が貫徹していたのである。

さらにいえば、室町幕府の「式三献」もこれの発展形態と見られる。永正元年九月七日付けの小笠原備前守政清の秘伝書「食物服用之巻」では（図33）、初献がクラゲと梅干し、二献が男が刺し身、女が打ち身、三献が「わたいり」で、女がひれを下にして盛るのに対し、男がひれを上にして盛るのが

違い、いずれも鯉のわたを少し見えるようにして盛るのが、綿入りのゆえんであるらしい。これは蔵人所滝口の初献はクラゲとウチアハビで行い、次には「うち身」で、そしてその時の美物で三献を行ったのと、相似している。違うのは初献が図では、クラゲと梅干しになり、ウチアワビが無くなっているることである。これは「承久以後の武家の肴」の据えようといわれるものにも、ウチアワビが付いている。ウチアワビというのは、熨斗鮑《のしあわび》のことで、「式三献」の説明のなかに、「ひきわたし」の説明に

一ひきわたし。十三月は十三にきざむべし。男はひきわたし。女はまはしもりたるべし。のしあはびを二つかさね。そくいひにてつけけづる也。

とあることから見て、「ひきわたし」とは熨斗鮑のことだとわかる。「ひきわたし」を式三献のことする説明もあるが、そうではない。『式三献七五三膳部記』にも、「引渡しののしに刀めつくる事月の下図十二也。閏月あれば十三也」とあって、同様である。図にはないもののこれも同様であることがわかる。その後の変化としては、二献の男の刺し身、女の打ち身と男女差が出来ていたこと。三献の美物が、「婚入には鯉を用いず。鯛を用也。口伝有之」とあり、その他の場合は鯉に決まってきたらしいことが違う。また、土高坏が、女は「公卿膳」「公卿衝重」といわれる三宝型や、男は足付の膳に代わったことなどに見られるが、その他は変わらない。それにもまして大きな記述の違いは、男女に差異を付けて盛りつけ、調理の仕方を詳細に書いてあることである。鎌倉幕府の事を書いた『世俗

立用集』は男女の膳の出し方に差異がなかったのか、男だけを意識したのか、そのところはわからないが、室町幕府、将軍家における、日野富子を代表とするような御台所の権力の強さ、女房衆の役割の大きさを見るとき[10]、男女のもてなし方の違いを詳細に書く必要があったものと見られる。

さてこの「式三献」に使用する土器については、すでに鋤柄俊夫氏が発掘土器とあわせて、詳細に書かれているが、いま論旨の都合上、もう一度見よう。『世俗立用集』の蔵人所滝口や鎌倉幕府の大盤には、土器の説明が書かれていないので、どのような土器を使ったかは判らないという難点があるが、室町時代の『海人藻芥《あまのもくず》』に、

　鍾ハヘイカウ二度入、三度入是也、然近代間ノ物五度入、七度入、十度入、塞鼻斯くの如し、種々土器出来せしめ、酒興盛んなる故なり

とあるように、土器の種類が増えてきたという事情もあり、他種類の土器が使われるようになったと思われる。土器の寸法は、「寸法雑々」に、

　一盃のかはらけ寸によりて、名をいふなり、七度入、九寸は九度入と云う、いづれも此心得なり

とあることによって大体わかる。

まず初献は、三盃には、一度入、二度入、三度入を重ねるか、同じ土器を二つ重ねる場合もある。「大ぢう」というのは「三どいり

図36　紙立（『貞丈雑記』）

のあひだなり」とあり、梅干五個は「小ぢう」に四つおき、その上に一個おく。「みみかはらけ」に箸をのせ、箸の先を「しほかはらけ」にのせるという。二献の刺し身・打ち身は「大ぢう」に「かうだて」(紙立)して、「しほかはらけ」と「からみ」(山葵・生姜等のおろしたもの)を「小ぢう」にもる。三献の「わたいり」は三度入りの土器にもることになっていた。ただし、この「式三献」は食べないこと、箸にもさわらないのが、決まりであった。

以上、見てきたように、鎌倉幕府の大盤、足利幕府の「式三献」は蔵人所滝口や諸家の侍の待遇のあり方の伝統の上に立っていることがわかる。いわば、王朝貴族社会における身分的階層序列である「侍」の身分相応な食器のあり方に起源を持ち、そのなかで、武家が権力を持ち、なおかつ、酒宴が盛んになるような贅沢な風習の盛行のなかで、土器の遣い方も分化して、故実も煩雑化したものであろう。

さて天皇の供御から、武家の食事にいたる食器にあらわれる伝統についてみた。「阿末加津土器」を除いては、必ずしも土器が清浄な神聖な伝統を持たず、天皇・院などにあっては、銀器が主流であったこと、むしろ土器を儀礼的食器とするのは、鎌倉幕府以来の武家の風習であり、それは蔵人所の滝口の侍身分の儀礼に基づいていることを述べた。

4　一般の酒宴の「かはらけのもの」など

さて、室町・戦国期には、酒肴のことを「かはらけのもの」という場合が多かった。儀礼の場のみならず、一般の酒宴の場に土器物に盛った酒肴が、出ることが多かった故である。

例えば、三条西実隆は、宗祇の准勅撰の『新撰菟玖波集』の編纂始め記念の連歌会の時、「三重一荷」を会席に送っている（『実隆公記』明応四年正月六日条）が、

　三重《瓦器物》一荷《柳》彼会席遣し了、

と「瓦器物柳」と横に書き加えている。すなわち土器物三つと柳酒一荷を送ったのである。

『お湯殿の上の日記』にも土器物は散見する。例えば、文明九年二月十九日条には、

　日野のししういつものことく御おさへ物三かう。御まな五いろ。やな木三かまいる。めうれんしことしはしめてまいらるゝ。御かわらけのもの三色。二かまいる。

のごとくである。「おさへ物」は、花鳥・山水などを形どった台に乗せた肴で、酒宴の種々の料理が出たあとで出すもので、台は漆器で蒔絵などが施されているという。

それに対して「土器物」はどのようなものであろうか。やはり室町後期の『包丁聞書』には、

　とり居といふは、土器に桧葉南天の葉など改敷にして、肴を盛土居に据るなり、精進のときは梅

漬のりの類抔《など》也。是をかはらけのものともいふ

とある。江戸時代のものであるが、『貞丈雑記』には、

かはらけ物といふは、大なるかはらけに酒の肴をもりてだすを云ふ、今時鉢に肴をもりて出すに同じ心也、土器にもりたる肴を二ツも三つも一ツの台に居て出す也、陪膳記に見えたり

とされていて、『式三献七五三膳部記』の膳の土器の盛りようと変わらない。ただし、わざわざ土器物といわれるのは、「おさへ物」とおなじく、追肴（強肴）として出されるものであるらしい。

「食物服用之巻」では

一酒のとき座敷などにてかわらけの物を貴人よりくだされ候を。両の手をいだす事口をし。（下略）

と書かれている。大永八年成立の『宗五大草紙』には、「公方様諸家へ御成の事」に、

一一献の時、折土器物出候事、五六献めよく候。乍去三四献めに出候而も能候べし。時宜によるべし。又土器の物きとしたる時は、古は出候はず、近年御前などへも参候

と、土器物の盛行が、昔は内輪の宴会のみであったのが、近年は気の張る宴会や将軍の御前でも出されるようになったことを言っている。しかし、その土器物の風習も、「大酒の時の事　同殿中一献の事」に、

一、貴人に折土器の物に有肴取てまいらする事、敬人には人によりて斟酌あるべし、又若き人な

どは何とやらん似合候はず候、ちと年もふけ故実がましき人可然候

と記している。一般的な酒宴の盛り方であった土器物が、御成りの時の将軍の御前にも出されるようになり、また一方では若い人々には敬遠され、故実好きの難しい老人の接待に良いと書かれる程になるのである。故実の世界にも転変流行があるという実例であろう。

また、「式三献」以下の儀礼が、土器にて供されるという慣習がこの『宗五大草紙』の成立少し前ごろに流行して、書かれた当時には、「故実がましき人」の尊ぶ儀礼的なものになっていた事がわかるのである。

その土器物の進め方については、「大草殿より相伝之聞書」にくわしい。土器物は台の上に置くのであるが、その輪の高さは六寸で、三つ立ての時は、土器は「あひのもの」で、これは三度入より少し細くて、「へいかう」より太いものである。二つ立ての時は五度入である。その置き方、盛り方については、二つ立ての時は左は焼き鳥、右は切り蒲鉾、精進と魚類の時は、左魚、右精進で、精進と鳥を組み合わすことはいけない。その他の盛るものについては、小串の物、蒲鉾、たたみずるめ、まきいもがよろしく、くろに、ふとに、小海老のうち一色を入れる、精進物を入れても良いなど、詳細である。

5 寺社の使用の土器・庶民使用土器

前節では、公武の貴族の土器物について見てきたが、より一般的な場においてはどうであろうか。寺社の場合については、応仁元年の東寺八幡宮放生会の記録が詳細である（『東寺執行日記』）。放生会の御供としては七前で、汁が二つ、御まわりが八つ、菓子が五つであった。それは買物の会計の、

「五十六文　くきやう八前　御供分七前　御子一前七文宛」
「十四文　おり七合　御供菓子入之」
「十文　三ト入かす十五　十文　やうの物かす三十五
十五文　あかいか□けかす百七十　七文　かすおしき七十枚」

などの記述からみて、御供の七前と御子（巫女の一臈カ）の一前の計八前の「まわり」すなわち、汁と菜は公卿膳（三宝型）に据えられ、菓子は御供七前だけで、折に入れられた。三度入の土器に、「やうの物」が台とすれば、その上に据えたのであろうか。「あかいか□け」を赤いかわらけとすれば、その百七十、数折敷七十というのは、参会の人々が神酒の流れをいただくためのものであろう。

その後、神子方と両座方（中綱、職掌、鐘突）の宴会は、神子方は十五人分として、折敷十五、酒は

濁り酒一桶四十文ぐらい分、まわり（さい）の類は、鉢にいれて渡している。この鉢が土器かなにかはわからない。両座方は十七人分で、「やうの物」十七、小かわらけ三十四で二つずつ。いずれにしても折敷の上に、やうの物をおき、小土器を置いたことがわかる。酒は桶樽百文分、神子方より倍以上多い。

これらの行事に要した諸費用のうち、食膳具の値段を書きぬくと、

二十文　シト入かす三十六　　十二文　白かわらけ三十三
十三文　中々七十六　　五文　赤かわらけ
七文　ついかさね一セん　　四文　半かさね
二文　ふちたか一　　二文　ふちたか二
二文　七条おしき六　　四文　かなかけ二

などである。ふちたか（縁高）が時によって倍の値段であるなど、質の違いか、同じものかがわからないが、四度入土器が一個〇・五五文、白土器が〇・三六文なのは、三度入が〇・六文である御供の土器よりは安い。『諸芸方代物附』には、

一かはらけの代。十と入は百ニ五。七と入は百ニ十四。五と入は百ニ廿。あひの物は百ニ四十。
三と入は百ニ百。

で、三度入が一文であり、「あひの物」（四度入）は二・五文であるから、はるかに安価といえよう。

おそらくこの時には、給免田受給の御用土器師はいないと思えるから、(11)市場価格であると考えられ、その時にしたがって値段の上下は著しかったと考えることが出来る。

民間の食器については、史料が少なくて具体的に知る事ができないが、吉田神社の社家の記録である『鈴鹿家記』の以下の史料は、応永元年、聖護院村と吉田村の若衆の雪打ちを見物した本所（吉田家）が振舞ったものであるが、

応永元年十二月朔日　聖護院村若衆吉田村若衆雪打　御本所御見物（中略）御本所ヨリ御酒持樽ニ五荷　ハギノ花大桶ニ三荷　クキカマス大根フト煮　大重箱ニ二荷

酒が持樽に五荷、ハギノ花（ぼた餅）大桶に三荷、くきかます（?）と、大根ふと煮が大重箱に二荷であった。大重箱はおそらく塗物か木箱であり、取り皿は残念ながら何かわからない。

また、延元元年に、聖護院村の西の方に南北一二九間、深さ七尺八寸の堀を掘らせたとき、粟田口、岡崎、白川、田中四村から一四〇人助力がでて、二五二人の夕飯がでたが、それは「汁サクサク、アエ物、ヤキ物、香物、大樽五荷」であった。さくさく汁とは野菜を刻み入れた菜汁、香物は味噌でつけた漬物である。

村民ではないが、吉田の社家の神事の回り持ちの当屋の振舞の献立をあげておこう。

応永六年六月十日庚申　当屋鈴鹿勝昌定師次男定好弟　始テ神事ヲ勤　御本所へ赤飯荷桶一手酒干鰤壱連　上座敷十四人朝振舞　汁スマシ生 鱸コンブ　仁物イリコ コンニヤク　鱠ハヱ シヤウガ アサ瓜 クラゲ　引テ指身鯉イリ 酒ワサ

《ビ》鱣カバ焼　鮒スシ　カマボコ　香物　肴種々　台物五ツ
応永六年六月十五日乙丑　当屋ヨリ赤飯給　巳ノ上刻御立　吸物コイ食　引物鱣カバ焼鮒スシ
煮物コンニヤク串アハビ　肴台高砂　取肴生鮑ワタアエ　冷物リン子アサフリハスノ若根　コンニヤク色付　赤貝色付　島台物
酒宴

さて村や町の惣中の年中行事の会食では、管見のものでは「大島奥津島神社文書」の

　定《さだむ》　種々規文事
一　神主《かんぬし》成知瓦気《かわらけ》　御酒《みき》二斗
一　就二村人神主一御酒五斗
一　鮨・切魚・御酒両神主二斗
右　種々規文　衆儀之旨　如《くだんのごとし》レ件。
　弘安六年六月十五日
　　西念（花押）　日置《へぎ》利清（花押）
　　大伴守貞（花押）　成仏（花押）

である「瓦気」すなわち土器と酒や鮨、切魚の用意が、村人から出る神主の負担になっている。「今堀日吉神社文書」では年欠であるが、頭役の用意するべき肴の取決めがなされている。

　九日頭役さかなノ次第

一たゝ木牛坊（蒡）　はせ　かや　くり　かき　さゝき一ツ
にしさかなハ何もある也、肴ゆてまめなり、
　堂ノ頭ノ次第
くり　かき　こふし（柑子）　豆符（腐）ハ前のことく、栗　かき
こふしハ出きあわせ也、肴ハ大根　わらひ
　正月四日けちの次第
一くり　柿　かうし　いか　いはしすし　本
　同にしさかな

叩き牛蒡、豆腐に、はぜ、いか、鰯鮨、にし（貝類）、さかな、大根、茹で豆、蕨、それに栗、柿、柑橘類、といったものである。

さて民間の土器使用例に言われる話に、神事に清浄性を尊ぶ故であるという説がある。そこで、近江国湖東の御上神社の神饌《しんせん》に使う土器を生産する「ほうらい」といわれる土器師の例を出そう。真野純子氏の研究があり、(12)土釜、土甑《こしき》、などを使用して調進する神饌のあり方と、その土器を制作する「ほうらい衆」のありかたを詳細に考察されている。又、その権利主張を巡っての偽文書制作の話など、由緒の形成過程を示して興味深い。

「ほうらい」とは、焙烙《ほうろく》のことであり、それで神饌を供える事例も紹介されている。そしてそれは

現在、金属製に変わったようである。焙烙は、室町期ごろからの製品であるから、神饌を、焙烙で供える慣習も、それからしか始まりえない。これから見て、神社の神饌を土器で供えることも、当時の器物で、供えたものが古式化した場合が多いといえよう。室町・戦国期は、そのように由緒を飾る事の起点となりやすい時代であった。

おわりに

中世考古学の発展は、公武の貴族はいうに及ばず、庶民階層までにいたる輸入陶磁器の受容をあとづけて、衝撃をあたえたが、次に土器の大量投与の発掘によって、土器の一面でもつ儀礼的役割をあとづけた。

文献から考察した結果として、はじめに天皇を頂点とする文化影響を予想したのとは違って、土器を正式食器とする文化は、天皇・皇族とは特に関係なく、天皇家の食器は、延喜式段階から中世を通じて、近世にいたるまで、金銀器、銀器を基本としたこと事がわかった。土器は「阿末加津土器」以外を除いては、漆器・瓷器の代用品であった。天皇家はいわば、律令的伝統の中国を基準とする文化意識の体現者であった位置を、中世・近世にももっていたといえよう。

「式三献」以下の足利幕府の「武家」を中心とする儀礼の発達は、蔵人所滝口の侍の儀礼に根ざし、鎌倉幕府の大盤に淵源をもっていることがわかった。いわば、王朝国家の侍の伝統の上にたっていて、その儀式の肥大化がなされたといえよう。その儀式やそれにともなう饗宴の盛行のなかで、土器の使用も逆に盛大化していくと考えられた。いわば、王朝国家以来の身分階層的な秩序意識に立っていて、それが武士階級の政権獲得に従って肥大化し、その風習が一般化したものと考えられる。神道に代表されるような清浄性が原理だとは考えられないのである。

ここで残された問題は、寺社の神事、八幡宮放生会などにおける土器の使用である。これが古代からの古式を伝えるものなのか、どうかはわからない。天皇家における「阿末加津土器」の意味の拡大とも受け取れない。とすれば、神社の持つ文化基準と天皇家のそれとは遊離していることになる。ここでは問題として残しておきたい。

もう一つの問題は、中世に大量に発掘されている輸入陶磁器の用途である。近現代の或る時期まで、我々も婚礼・葬式に和服を着て、和食を食べ、一般のよそ行きは洋服だったように、儀礼部分は、伝統が残ったのであろう。しかし、それではなぜ、漆器椀・瓷器椀より土器が尊ばれたのか。ここに土器の儀礼文化の性格の問題が残る。

普通のハレの場では、輸入陶磁器が使われたのであろう。茶の湯の場では、「唐物」が主流を占めたのはいうまでもない。しかし『今井宗久茶湯日記』(第8表)によってみると、ここでも土器は頻繁ではないが、使用されている。

第8表　『今井宗久茶湯日記』にみえる土器使用例

年　月　日	使　　　用　　　例	場　　所
永禄 9.10.18	土器　鶉串サシニシテ・山セウ	宗易と宗久２人
天正元.11.24	土器金ニタミテ・雉ヤキテ	信長妙覚寺茶会
同	金土器ニケツリハモ	同
同	銀土器ニウト	同
天正 3.10.28	土器ニ・貝ヤキ	信長茶会
天正 6.10.28	金タミ・土器　京菜・クキ・ウトアヘテ	宗及茶会
天正11. 7. 7	土器ニ　鮎ヤキシモフリ	秀吉大阪城茶会
同	同サヽイクルミアヘ	同
天正15.正. 3	土器ニ・膾　鮭大根下シ　ハララコ	関白大阪城茶会
同	土器・焼物　鮭	同
天正15.正. 5	金タミ土器　膾ツル宗易茶会	
同	土器ニ串蚫　土器ニスス菜・イカ青アエ	同

これが単なる美的意識によるのか、何か約束事があるのか、鳥肉などの場合に使用するのかと考えてみたが、必ずしもそうではない。本膳にも使っていて、時には、金や銀でだみてあるとはいえ、だみてない土器も、決して粗末なものとして考えられていないことがわかる。しかし、土器を茶会に使うことはだんだん姿を消してゆくのである。

注

(1)　百瀬正恒「平安京及びその近郊における土器の生産と消費」『中近世土器の基礎研究』Ⅰ、一九八五年、伊野近富「『かわらけ』考」『京都府埋蔵文化財調査研究センター五周年記念論集』一九八七年、橋本久和『中世土器研究会序論』真陽社、一九九二年、『中近世土器の基礎研究』の諸論文。

(2)　藤原良章「中世の食器・考〔かわらけ〕ノート」『列島の社会史』五号、一九八八年。

(3)　野場喜子「『兵範記』に見る食器」『名古屋市博物館研究紀要』一一号一一八頁、一九八八年。

(4) 鋤柄俊夫「畿内における古代末から中世の土器―模倣系土器生産の展開―」『中近世土器の基礎研究』Ⅳ、一九八八年。同「平安京出土土師器の諸問題」古代学研究所研究報告第四輯『平安京出土土器の研究』一九九四年。宇野隆夫「中世食文化研究の視点」〝中世食文化の基礎的研究〟研究会発表資料、一九九一年（補註の上、本研究報告に収録）。
(5) 橋本久和前掲『中世土器研究会序論』。
(6)『群書解題』第一五巻、一九六二年、岩橋小弥太氏執筆。
(7)「類従雑要抄」保延三年九月二十三日の「仁和寺殿競馬行幸御膳并御遊酒肴事」では大盤を以て献じ、銀御銚子、深草土器の酒器、銀匙等が記されている。臣下は殿下、大臣、上達部で酒肴等の数が違ったが、すべて折敷に薄様を皆敷としていた。『群書類従』巻四七〇、二六輯、群書類従完成会、一九二九年。
(8)『群書解題』第一五巻、一九六二年、岩崎小弥太氏執筆。
(9) 野場氏注(3)前掲論文参照。
(10) 脇田晴子『中世に生きる女たち』岩波新書、一九九五年。
(11) 脇田晴子『日本中世商業発達史の研究』御茶の水書房、一九六九年。
(12) 真野純子「神社に従属する土器作りの展開課程―近江御上神社とホウライ衆―」『中近世土器の基礎研究』Ⅷ、一九九二年。

おわりに

以上、戦国乱世期に全く無力に近くなった天皇が、何故生き残り得たか、その原因を具体的な戦国期の社会状勢のなかで、追求してみた。

天皇が生き残り得た原因は、文化・宗教における天皇制イデオロギーの大衆化というか、民衆レベルにまでおよぶ影響を、統一権力が否定しつくせなかったことによると考える。否、それに凌駕しうるイデオロギーを樹立し得ず、むしろその中に包含される形で存在したことによると考える。

中世天皇制は普遍的な中世王権のそれであって、決して特殊な日本独特の祭祀王権ではないと思う。ただし、大陸を近くにひかえた島国として律令制以来の中央集権的構造が、王権の強大さを招き、封鎖的な世界のなかで、教権より王権が優越した。そして、天皇朝廷が、神官・僧侶の任免権を掌握した結果、王権に奉仕するものとしての宗教が、大勢を占めるに至った。

もちろん、それに対立する宗教や思想、文化がなかったというわけではなく、鎮護国家的宗教への対抗、神祇不拝の主張など、革新宗教家の苦悩を産んだことはいうまでもない。

例えば南北朝期、禅僧の中巌円月《ちゅうがんえんげつ》は皇室の祖先の泰伯《たいはく》起源説の史書を著して、朝廷の命により、

焼かれたといわれている。例えば、桃源瑞仙は『史記抄』で、中巌にふれて、

国常立尊ト言ハ呉太伯ノ后裔チャナントト言ハ不合事ソ、中岩ホトノ人テカウツクシウモ不合事ヲセラレタソ

と記しているが、中国に渡って修行した中巌は、禅宗と神の子孫の統治する日本との間で悩んだ結果であろう。文明を伝えた人の子孫とするか、神の子孫とするかでは、同じ世襲制をとるにしても意味は大分違うのである。尾藤正英氏は、林羅山をはじめ熊沢蕃山など近世の儒者が泰伯起源説を信奉したことは、徳の高い人が信望を集めて君主になるという、合理的な歴史解釈の一つの根拠とされたといわれている。(1)しかし、いずれにしても、天皇の世襲制を否定しなかったところに、この時代の特質があるといえよう。(2)

したがって、王権の強大さは、その権力が無力化してのちも、その伝統が宗教・文化が根強く存在することとなった。かつ、そこに存在意義を認めた天皇・公家貴族・神官によって、イデオロギー編成が行われた。また、商品経済の発展にともなう民衆文化の向上によって、宗教組織の整備、社寺参詣の盛行にのっとって、組織化が進行する。これらは直接、天皇に結び付くものではないが、神官・僧侶の官位授与権をもった天皇権威に、間接的には、求心化していくものであった。それは時には、支配を強めてくる武士権力に対する抵抗の手段としても利用されたのである。かかる現象は、蒙古襲来を契機として中世後期、とりわけ戦国期に進展してゆくものであって、決して古代から存続してい

るものではなかった。

国家を統一した武家権力は、これに対抗して、自己を頂点とする独自の宗教・文化育成政策を執ろうとしている。南北合一を果たした足利義満は、次に文化的統合を志した。金閣の構造がそれを示している。初層は寝殿造の阿弥陀堂法水院、中層は潮音閣という観音殿、最上層は武家の信仰する禅宗様の究竟頂である。すでに前著『室町時代』(3)で書いたところであるので詳述しないが、簡単に書くと、禅宗に主導権を持たせつつ、公家文化の寝殿造と阿弥陀信仰・観音信仰、武家風の禅宗文化とを統合させるという図式である。公武双方の信仰する宗教を支配して、その超越的権威として位置づけ、なおかつ宗教界をも統合、世俗の権力を宗教権よりも優越ならしめたいという彼の願望を示している。また、神社復興政策をとり、とりわけ、八幡、北野を信仰して、それぞれ二十回にわたって参詣している。八幡は源氏の氏神と言われるから当然としても、北野への信仰は、当時流行した「渡唐天神説話」と無関係ではない。これは北野天神が円爾弁円《えんにべんえん》(聖一国師)に参禅し、弁円の勧めで一夜、宋にわたり、無準の室に参じて法衣を授けられたという説話である。これは禅宗と天神との習合を示し、禅僧の中国への求心化の方向を示しており、伊勢・吉田の神道理論とは、いささか趣が異なると言えよう。唐風文化の輸入、明皇帝による日本国王の冊封と軌を一にする方向で、その求心化の核は中国にあり、日本においては将軍へ集約しうるものであった。

日明貿易の開始による政治・経済的な意義も既に書いたところであるが、いわゆる「唐物文化」導入の意義も、天皇・公家文化を相対化する効果を持った。

猿楽能・田楽能も、公家文化にない新しい文化を庶民世界から抜擢した意味をもつが、もっともその徴証を世阿弥に見ることができるように、皮肉にも前述したように、武威によって天皇の治世を守るという路線であった。世阿弥の場合その教養は公家文化によって培われ、それに浸ることによって芸術的に高度な世界を現出することができたのである。世阿弥がそのような傾向を持っていたことは、寵愛の芸能者である世阿弥の独走を許さない。必ずや義満の志向を示すものであろう。義満がよし簒《さん》奪《だつ》計画を持っていたとしても、天皇の地位を継承したいのであって、天皇制を否定するものではなかった。

世阿弥作の「花筐《はながたみ》」という能がある。継体天皇が皇位につくことになって上京するに際し、寵愛の照日前に、手紙と花籠を残していく。照日前は狂女となってあとを追っかけて天皇と再会するという曲である。その天皇の手紙に、

　われ応神天皇の孫苗を継ぎながら、帝位を踏む身にあらざれども（中略）、群臣の選みに出されて、

　誘はれ行く雲の上

と書いている。応神天皇五世の孫と称した継体天皇が皇位につくならば、源氏である義満が皇位についてもいい。それが義満の意を迎えた世阿弥のもっとも言いたいところであろう。否、世阿弥はそのためにこの曲を作ったといえるであろう。

義満が死亡し、それ以後の足利将軍家には、そのような野心も力も持つ将軍はいない。将軍も朝廷の模倣のように儀礼に生きるようになる。天皇も将軍も儀礼による権威に生きるようになれば、上位にある天皇の方が力をもつことは本書で書いたところである。

次に天下を統一した織田信長であるが、彼の思想的傾向を示すと思われる安土城天守閣の絵画は、当然のことながら義満のような仏教色はなく、六重目に「釈門十大弟子等、尺尊成道御説法の次第」があるのみである。しかし、七重目は、柱は竜、天井は天人影向、座敷のうちは、「三皇・五帝・孔門十哲・商山四皓《しょうざんしこう》・七賢」が描かれたという。また西王母《せいおうぼ》や「呂洞賓《りょどうひん》と申す仙人」等の道教的な人物、賢人と称された伯夷《はくい》・叔斉《しゅくせい》等の人物、儒者等が描かれたという。『信長公記』の校訂者、奥野高広・岩沢愿彦両氏によれば、儒教的な人物画は平安時代以来の宮廷の鑑戒画の伝統であるという。[4] 狩野永徳等に描かせており、正に狩野派の得意とする漢画系統のものであるが、伯夷・叔斉や商山四皓、竹林の七賢など、天下統一をめざす信長のイメージとは異なるものがあるが、後の統一権力者、徳川家康が林家の儒教を重んじたことから見れば、あい通じるものがあったとも言えよう。ただし信長は元亀四年、将軍義昭との決裂、上京焼き討ちに際して、吉田兼見に諮問して、「南都北嶺（興福寺・延暦寺）相果つるの間、王城の祟《たた》りあるべし」といった父吉田兼右の言について聞いている。兼見は書いた文書がないと答えている。すでに延暦寺を焼いた後であるから、政治的配慮であろう。足利義昭の宮廷での評判を聞き、洛中放火を行うことを言ったという。また、諸社濫觴《らんしょう》のことを尋ね、兼見が「下界勧請の元由は、吉田斎場所なり」というと、信長は斎場所の修理を約束したという。[5] 将軍との決戦の間際として、朝廷との政治工作が必要であった事情が読み取れる。

もうこの段階になれば、天皇を無視できなかったのである。それは宗教、とりわけ吉田神道の共同体神の統合・編成が大きかったと考えられる。

以上、煩を厭わず、書き残したところの武家権力が、天皇を否定しえなかった事情を考えてみた。

注

（1）尾藤正英『日本封建思想史研究』青木書店、一九六一年、『国史大辞典』8「泰伯説」の項（尾藤正英執筆）吉川弘文館、一九八七年。

（2）なお泰伯説（太伯）を論じたものに、上野武「倭人の起源と呉の太伯伝説」『日本の古代1倭人の登場』中央公論社、一九八五年がある。

（3）『室町時代』中公新書、一九八五年。

（4）奥野高広・岩沢愿彦校訂『信長公記』角川書店、一九六九年。

（5）『兼見卿記』同年四月一日条、続群書類従完成会、一九七一年。

あとがき

万世一系といわれたように、武力に裏付けされた政治・経済の権力を失っても、連綿と続いてきた天皇制はその存続の意味を巡って、戦前はもちろん、戦後いろいろに議論された。天皇制の解釈そのものが、各年代の時流を表明しているとさえいえよう。

天皇制は決して、古代社会からの伝統による一貫した性格をもって存続したのではない。さりとては、明治に復権して新しく編制されたものばかりでもない。天皇制の存続は、各時代の歴史的条件によって、その時々の時流に乗って存続したのである。従来、天皇制の研究には、中世や近世の影は薄かったと言えよう。しかし、衰微しつつなお存続し、存在意義を主張する天皇のあり方がわからないのでは、天皇制は結局とけないのではなかろうか。最近になってようやく中世や近世の天皇の存在形態が問題にされるようになってきたのは喜ばしいことである。

戦後歴史学は天皇の無力を主張した。しかし、それではなぜ天皇は無力にかかわらず存続して、明治維新において復権したか、という問題の回答を欠く故に、逆に天皇の神秘性説や宗教性説をもたらした。

本書は、天皇が神秘性や宗教性を武器としたとしても、天皇自体が神秘性や宗教性をもっていないと考えている。室町時代において、全国の政治・経済・軍事を抑えた足利幕府に対して、天皇はその面では無力に近くなった。戦後歴史学は、政治・経済・軍事力のみを権力の源泉と考えたために、天皇を無力と考えたのである。とはいえ、天皇を頂点とする公家層は宗教・文化を掌握していたと考える。いわばハードに対して、ソフトの部分を掌握、編成したといえるであろう。日本のように島国で、他国との交流が少なく、中央集権制が強いところでは、文化というものも編成されやすく上意下達になりやすい。文化的な観念によって民心を統合し、たくみに中央に集約できたと考えた。いわば文化の政治性というものを考えたかったのである。

したがって、鎌倉後期以来、蒙古襲来を契機として神仏習合のなかではあるが、神々の力は強くなった。庶民の共同体の結成、自治能力も強くなってきた。その共同体の結節点たる地主神・産土神を中央の「権威ある」神々に習合させて、神格を向上させて権威ある神に変えていく。在地の共同体もそれに積極的に応じたのである。応じることによって、それ相応の利益があった。その編成を積極的に行った代表は何といっても吉田神道であろう。庶民の宗教思想と上昇志向を巧みに編成、統合したのである。

現在の能楽にいたる猿楽能も、田楽能も、『源氏物語』を始めとする王朝文化の主人公たちを舞台に現出させて、その大衆化に果たした役割は大きい。宗祇を始めとする連歌師たちの源氏物語の復権にかかわった経緯も本書に考察した。これらは実力を持ちつつある大名・武士・庶民の文化的志向を、巧みに誘導して、文化編成を成して、統合に寄与したのであって、決してその逆ではない。

能楽の「神能物」では、どの曲も神による奇瑞のあった場所に、「勅使」がその奇瑞を確かめに行くことになっている。そこに神が現出して「勅使」によって本物と認められることによって、真正の神か、淫祀邪教かが認定されることになるといえよう。「勅使」とは、中央の象徴たる天皇の使いである。世は天下一統へと向かっている。都の、また中央権力の象徴たりうるのは、天皇と将軍であった。しかし、足利幕府最盛期の義満の保護を得た世阿弥においても、本論で詳述したように、「弓八幡」という世阿弥自信作で足利将軍すなわち源家の氏神の八幡神を描いた能においても、武威（足利家の武力）によって、弓矢は袋に入れられ、戦局は終結して、神の守る天皇の治世は平和に保たれることになる。天皇―将軍という図式は明快に説かれているのである。

以上のように、中世後期に花開いた民衆文化としての能楽・狂言・連歌などが、貴族文化との融合のなかに、芸術性を昇華させるという方向を取ったために、貴族文化と対抗し、独自のものを築いて自立するという芽を失っていった。私年号などの動きもあったが、大きなものとはなりえなかった。底辺から出てきた能楽・狂言が、我が国伝統芸能の根幹たりえたことは、上位下達ばかりではない、文化のダイナミズム性を感じさせるものではあるが、それらを編成してしまい、文化・宗教レベルにおいても統合化が進んでいくこと、それが天皇制存続の大きな原因であると私は考える。

さて本書は、

①「戦国期における天皇権威の浮上」上下、『日本史研究』三四〇・三四一号、一九九〇・九一年

②「能楽と天皇・神道」『天皇制－歴史・王権・大嘗祭』河出書房新社、一九九〇年

③「三条西実隆の風雅」荒井健編『中国文人の生活』平凡社、一九九四年

④「文献からみた中世の食器と食事」『中世食文化の諸相』国立歴史民俗博物館研究報告　一九九七年

などを書き直して一書としたものである。

天皇の役割を考え出した端緒は、小学館の『大系日本の歴史』シリーズの『戦国大名』(一九八八年)を書いたことによる。最後の章を「流浪する将軍と浮上する天皇」とした。その後、一九八八年、日本史研究会で大会報告に天皇制をとりあげるにあたって、私も協賛の意味を込めて、この「戦国期における天皇権威の浮上」を例会で報告した。参加者は多く討論は活発であった。すぐにテープを起こして、雑誌に反映してという話であったが、大筋は変わらないながら、もっと詰める必要があると思ったので、ご迷惑を承知で延ばしていただいた。大会には富田正弘氏が報告されたが、あいにく私はオックスフォード大学のセント・ヒルダス・カレッジに一学期間、お招きいただいていて残念ながら拝聴できなかった。そのころ、昭和天皇の重病で、タイムズに二重橋でぬかづく青年の写真などが出て、よく「貴女は神道か?」と聞かれた。私はオックスフォードの教員のうち、クリスチャンは五

パーセントと聞いていたので、すかさず「貴方はクリスチャンか？」と反撃することにした。大抵の人は、はにかんだように首を振る。これはなかなか効果的であった。

その雰囲気のなかで原稿に手を入れて帰ってきた。勇んでこの論文を出そうとすると、当時、私は編集長だったので、「お手盛りととられるからよくない」ということで、お蔵に入ってしまった。二年後、編集長をやめてようやく、日の目を見たのである。

さて、この論文にはあまたの反響があった。まず一九九二年に、『講座　前近代の天皇』（青木書店）が発刊された。編者代表ともいうべき永原慶二先生は「応仁・戦国期の天皇」の論文のなかで、その後に出た今谷明氏の『戦国大名と天皇』（一九九二年）とともに、「たしかに、戦国期において、天皇は権力・権威ともに衰弱の極地に達したと見るだけでは、この時代の天皇の存在意義を積極的に明らかにすることにはならない。」と賛意を表されつつ、以下の批判を加えられた。

(1)　一六世紀前半の分権化と統一的秩序の崩壊する時期と、後半の有力大名が「天下」を意識しはじめる局面とを区別すべきである。

(2)　天皇の官位叙任や寺社支配を通じての「権威」は、戦国大名が「天下」を指向する局面で、彼らの側から積極的な意味を与えたし、民衆サイドの天皇権威に対する認識も、地方寺社の格付けや本末関係の編成を通して一定の広まりをもつ。天皇権威を実在のものとして論の前提におくことの慎重さを提言された。

(1)については、私の最初の論文では「戦国期」を掲げながら、中世全般を扱っていて、徐々にその傾向が加速化するとみているので、氏が論証されたような画期は当然あるだろう。政治的画期によりつつ、その方向に向かうというのが私の主張である。

(2)については私も当然、そのように考えていて、民衆の活力や向上願望、求心性を、天皇を核とする文化・宗教編成による統合でもって、政治性をもって把握していった点で捉えたつもりである（久留島典子「中世天皇制研究史」参照、同講座第5巻）。

その後、管見のところでは、伊藤克巳、堀新、今岡典和、金子拓諸氏による賛否両論があり、主として、官途や寺社の勅許称号をめぐって研究が詳細に進んだのは喜ばしいことであった。

②「能楽と天皇・神道」の骨子は本書に入れたが、その進展した部分は、日仏共同研究会や芸能史研究会に報告し、「神能の位置—猿楽能の寿祝性と在地共同体—」という題で（脇田晴子・アンヌ＝ブッシイ編『アイデンティティ・周縁・媒介』吉川弘文館、二〇〇〇年）発表した。

③は中国文学の荒井健氏が主催された京都大学人文科学研究所の「文人研究班」での報告、文人と政治というものを考える端緒になった。視野を中国文化圏の中に広げられる研究会であった。何よりも会そのものが、中国型文人の集まりで楽しかった。

④は歴史民俗博物館での吉岡康暢氏の主催される食器の研究会、考古学の方々に、文献のデーターを提供することが私の役割と思ったが、それに反して土器の示す身分序列の話になってしまった。天

皇の食器の基本は金銀であって、武家の式三献の土器は蔵人所の「滝口」の土器に由来していて、土器の清浄性というものとは特に関わりがないということはご理解いただけたと思う。もとの原稿の身分序列に関係する部分のみを収録した。

とりわけ①②を全面的に書き直したわけであるが、去年三〜五月の二ヵ月間、オーストラリアのモナシュ大学に滞在して、風光明媚で静かなメルボルン郊外の町で、その作業を行なうことができた。お招きいただいた同大学日本研究所長のアリソン・時田氏、何かとお世話いただいた夫君の時田正博氏、ラトローブ大学のラジャシェリ・パンディ氏、元オーストラリア国立大学のクローカー先生たちと中世史や芸能史の史料講読の研究会をもって楽しく話し合った。深く感謝したい。

刊行に当たっては、吉川弘文館のお世話になった。いつもながら阿部環さんに校正や史料の検討などをおわずらわせした。記して感謝したい。

二〇〇三年三月九日

脇田晴子

著者略歴

一九三四年　生まれる

一九六三年　京都大学大学院文学研究科博士課程単位取得

一九六九年　京都大学文学博士

現在　城西国際大学教授、滋賀県立大学名誉教授

〔主要著書〕

日本中世商業発達史の研究　日本中世都市論　室町時代　日本中世女性史の研究　日本中世被差別民の研究

天皇と中世文化

二〇〇三年（平成十五）七月十日　第一刷発行
二〇〇五年（平成十七）五月十日　第四刷発行

著　者　脇《わき》田《た》晴《はる》子《こ》

発行者　林　英男

発行所　株式会社　吉川弘文館
郵便番号一一三―〇〇三三
東京都文京区本郷七丁目二番八号
電話〇三―三八一三―九一五一〈代表〉
振替口座〇〇一〇〇―五―二四四番
http://www.yoshikawa-k.co.jp/

印刷＝株式会社　平文社
製本＝株式会社　石毛製本所
装幀＝清水良洋

© Haruko Wakita 2003. Printed in Japan

ISBN4-642-07918-1

Ⓡ〈日本複写権センター委託出版物〉
本書の無断複写（コピー）は，著作権法上での例外を除き，禁じられています．
複写を希望される場合は，日本複写権センター（03-3401-2382）にご連絡下さい．

脇田晴子・アンヌ　ブッシイ編

アイデンティティ・周縁・媒介

―〈日本社会〉日仏共同研究プロジェクト―

A5判・上製・カバー装・三〇二頁
七三五〇円（5％税込）

古代から現代にわたる日本社会で、人びとはどのようなアイデンティティを形成してきたのか。また、社会の中心と周縁との間に存在する複雑な力関係とそれを媒介する存在とはいかなるものか。日仏両国の研究者たちが五年にわたって行なってきた学際的共同研究の成果をここに公刊する。ヨーロッパとの豊かな対話を切り開いた、新しい比較日本研究。

脇田晴子・林　玲子・永原和子編

日本女性史

四六判・上製・カバー装・三一六頁
二一〇〇円（5％税込）

女性だけの共同執筆による初の日本女性史。進展目ざましい日本史研究の最新の成果をふまえ、原始から現代にいたる日本女性の歩みをたどる。それぞれの時代に生きた女性の姿をリアルに描き出し、女性の労働への役割分担や地位の変化、意識の変遷や女性観をあとづける。女性の自立と連帯意識が高まりつつある今日、改めて明日への課題を問いかける。

吉川弘文館